La magia del orden

Marie Kondo es la fundadora del muy elogiado método KonMari y autora del libro *La magia del orden*, número 1 en la lista de best sellers de *The New York Times*. Traducido a cuarenta idiomas y con más de doce millones de ejemplares vendidos en todo el mundo, ha dado origen a un programa de televisión. También es autora de *La felicidad después del orden* y del diario *La magia del día a día*. Su famosa empresa de consultoría con sede en Tokio ayuda a los clientes que recurren a ella a transformar sus hogares desordenados en espacios para la serenidad y la inspiración. Su nombre ha estado presente en los diarios *The Wall Street Journal*, *Atlantic*, *The New York Times* y *USA Today*, así como en el programa *Today*, y la revista *Time* la ha elegido como una de las cien personas más influyentes del mundo. Actualmente vive en Tokio con su marido y su hija.

Para más información, visita la página web de la autora:
www.konmari.com

También puedes seguir a Marie Kondo en Facebook, X e Instagram:
Marie Kondo
@MarieKondo
@mariekondo

MARIE KONDO

La magia del orden

Herramientas para ordenar tu casa... ¡y tu vida!

Traducción de
Rubén Heredia Vázquez

DEBOLS!LLO

Papel certificado por el Forest Stewardship Council®

MIXTO
Papel | Apoyando la silvicultura responsable
FSC® C117695

Penguin Random House Grupo Editorial

Título original: *Jinsei Ga Tokimeu Katazuke No Maho (The Life-Changing Magic of Tidying Up)*
Publicado por Vermilion, UK

Febrero de 2026

Printed in Spain – Impreso en España

ISBN: 978-84-663-6796-7
Depósito legal: B-21.374-2025

Compuesto en Comptex & Ass., S.L.
Impreso en Liberdúplex
Sant Llorenç d'Hortons (Barcelona)

P 3 6 7 9 6 7

ÍNDICE

PREFACIO

¿ALGUNA VEZ te has puesto a organizar tu casa o lugar de trabajo como un loco, solo para descubrir que muy pronto todo vuelve a ser un caos? Si es así, déjame compartir contigo el secreto del éxito. En este libro he resumido cómo poner tu espacio en orden de una manera que cambiará tu vida para siempre. ¿Lo crees imposible? Esta es una respuesta común, y no sorprende si consideramos que casi todos experimentamos al menos una vez el "efecto rebote" tras limpiar nuestra casa.

El método KonMari es una manera sencilla, inteligente y efectiva de deshacerte del desorden para siempre. Empiezas por desechar. Luego, organizas tu espacio por completo y de un tirón. Si adoptas esta estrategia, nunca volverás al desorden.

Aunque este enfoque contradice la sabiduría convencional, todos los que concluyen el método KonMari logran mantener su casa en orden y con resultados inesperados. Haber puesto su casa en orden afectó positivamente en todos los demás aspectos de su vida, incluidos el trabajo y la familia. Tras haber dedicado más del 80 por ciento de mi vida a este tema, *sé* que la organización también transformará tu vida.

¿Aún te parece demasiado bueno para ser cierto? Si tu idea de la organización es deshacerte de un objeto innecesario al día o limpiar tu habitación un poco cada vez, entonces tienes razón. Eso no tendrá mucho impacto en tu vida. Sin embargo, si cambias de enfoque, la organización puede tener un impacto inconmensurable. De hecho, eso es lo que implica poner tu casa en orden.

Empecé a leer revistas de decoración cuando tenía cinco años, y eso fue lo que me llevó, a los quince, a dedicarme seriamente a estudiar el arte del orden y la organización que me condujo al método KonMari (KonMari es mi apodo, tomado de mi nombre y mi apellido). Ahora soy consultora y dedico gran parte de mi trabajo a visitar casas y oficinas, dar consejos prácticos a quienes tienen dificultades para organizar, organizan pero sufren rebotes o quieren organizar pero no saben por dónde empezar.

La cantidad de cosas que mis clientes han desechado, desde ropa hasta fotos, bolígrafos, recortes de periódico y muestras de maquillaje, supera fácilmente el millón de objetos, y no exagero. He ayudado a clientes que han tirado 200 bolsas de basura de 45 litros cada una, de un tirón.

Según mi exploración del arte de la organización y de mi amplia experiencia en ayudar a que las personas desorganizadas se vuelvan organizadas, hay algo que puedo decir con confianza: una reorganización drástica del hogar provoca cambios proporcionalmente drásticos en tu estilo de vida y tu perspectiva. Eso transforma tu vida. He aquí algunos de los testimonios que he recibido a diario de mis clientes:

> "Después de tu curso, renuncié a mi trabajo y abrí mi propio negocio, algo con lo que había soñado desde niño".

> "Tu curso me ayudó a ver lo que realmente necesitaba y lo que no. Así que me divorcié y ahora me siento mucho más feliz".
> "Alguien con quien quería contactar hace poco contactó conmigo".
> "Me complace informar de que, desde que organicé mi apartamento, he logrado incrementar mis ventas".
> "Mi marido y yo nos llevamos mucho mejor".
> "Me sorprende descubrir que el solo hecho de tirar cosas me haya cambiado tanto".
> "Por fin he logrado adelgazar tres kilos".

Mis clientes siempre se quedan muy contentos y los resultados muestran que la organización ha cambiado su manera de pensar y de cómo enfocar su vida. En verdad, ha cambiado su futuro. ¿Por qué? Esta pregunta la abordaremos con detalle a lo largo del libro, pero básicamente, cuando pones tu casa en orden, también pones en orden tus asuntos y tu pasado. Como resultado, puedes ver con claridad lo que necesitas en tu vida y lo que no, lo que debes hacer y lo que no.

Actualmente ofrezco un curso para clientes en su casa y para dueños de empresas en su oficina. Todas estas son clases particulares e individuales y creo que voy a tener clientes para largo. Hoy tengo una lista de espera de tres meses, y a diario me consultan personas que han oído hablar del curso a antiguos clientes o a otras personas. Viajo por todo Japón, y a veces al extranjero. Las entradas para una de mis charlas para amas de casa se vendieron de un día para otro. Hubo una lista de espera no solo para cancelaciones, sino para ponerse en la lista de espera. Sin embargo, mi tasa de repetidores es de cero. Desde la perspectiva del negocio, esto podría parecer desastroso. Pero ¿qué tal si esa ausencia de repetidores fuera justo el secreto de la popularidad de mi método?

Como dije al principio, la gente que usa el método KonMari nunca vuelve al desorden. Como ahora saben mantener su espacio en orden, no necesitan tomar más lecciones. A veces me reúno con mis exalumnos para ver cómo les va. En casi todos los casos, no solo han mantenido su casa u oficina en orden, sino que siguen mejorando su espacio. Por las fotografías que envían, es evidente que tienen aún menos posesiones que cuando concluyeron el curso, y además han cambiado sus cortinas y muebles. Están rodeados de las cosas que aman.

¿Por qué mi curso transforma a la gente? Porque mi forma de enfocarlo no es solo una técnica. El acto de organizar es una serie de acciones simples en las que se mueven los objetos de un lugar a otro. Implica poner las cosas lejos del lugar al que pertenecen. Esto parece tan sencillo que incluso un niño de seis años podría hacerlo. Sin embargo, la mayoría de la gente no puede. Al poco tiempo de haberlo organizado, su espacio vuelve a ser un caos. La causa no es la falta de habilidades, sino una falta de conciencia y la incapacidad de organizar de manera eficaz. En otras palabras, la raíz del problema está en la mente. El éxito depende en un 90 por ciento de lo que hay en nuestra cabeza. A excepción de los pocos afortunados que son organizados por naturaleza, si no nos ocupamos de este aspecto, el rebote será inevitable, no importa cuánto hayamos desechado o lo bien organizadas que estén las cosas.

Entonces, ¿cómo puedes adquirir la mentalidad correcta? Solo hay una manera y, paradójicamente, es adquiriendo la técnica correcta. Recuerda: el método KonMari que describo en este libro no es una simple serie de reglas sobre cómo clasificar, organizar y desechar cosas. Es una guía para adquirir la mentalidad correcta y así crear orden y volverse una persona organizada.

Por supuesto, no me jacto de que todos mis estudiantes hayan perfeccionado el arte de la organización. Desgraciadamente, por una u otra razón, algunos dejaron el curso antes de concluirlo porque esperaban que yo hiciera el trabajo por ellos. Como fanática y profesional de la organización, puedo decirte ahora mismo que no importa cuánto me esfuerce por organizar el espacio de otro ni lo perfecto que sea el sistema de almacenamiento que conciba pues, en un sentido estricto, nunca podré poner en orden la casa de otra persona. ¿Por qué? Porque la conciencia y la perspectiva de una persona sobre su propio estilo de vida es mucho más importante que cualquier habilidad para clasificar, almacenar o lo que sea. El orden depende de valores extremadamente personales sobre cómo desea uno vivir.

La mayoría de las personas preferirían vivir en un espacio limpio y ordenado. Cualquiera que haya organizado su espacio, incluso una sola vez, habrá deseado conservarlo así. Pero muchos no creen que esto sea posible. Prueban varias maneras de organizar solo para descubrir que regresan a "la normalidad". Sin embargo, estoy absolutamente convencida de que todos podemos conservar nuestro espacio en orden.

Para hacerlo, es esencial que reevalúes tus hábitos y suposiciones acerca de la organización. Eso suena a demasiado trabajo, pero no te preocupes. Para cuando termines de leer este libro, estarás listo y dispuesto. La gente suele decirme:

"Soy desorganizado por naturaleza. No puedo hacerlo", o "No tengo tiempo", pero lo caótico no se hereda ni se relaciona con la falta de tiempo. Tiene mucho más que ver con la acumulación de ideas equivocadas sobre la organización, tales como: "Es mejor ordenar una habitación a la vez", "Es mejor hacer un poco cada día", o "El almacenamiento debe seguir el plan de circulación".

En Japón, la gente cree que da buena suerte limpiar tu habitación y mantener tu baño reluciente, pero que, si tu casa está desordenada, el efecto de limpiar la taza del inodoro será limitado. Lo mismo ocurre con la práctica del *feng shui*. Solo cuando pones tu casa en orden es cuando tus muebles y la decoración adquieren vida.

Cuando hayas acabado de poner en orden tu casa, tu vida cambiará drásticamente. Cuando experimentes lo que es tener una casa verdaderamente ordenada, sentirás cómo se ilumina todo tu mundo. Nunca volverás al caos. Esto es a lo que llamo la magia de la organización. Y sus efectos son estupendos. No solo dejarás de ser desordenado, tendrás un nuevo comienzo en la vida. Esta es la magia que quiero compartir con tantas personas como sea posible.

CAPÍTULO UNO

¿Por qué no puedo tener mi casa en orden?

Nunca podrás organizar si
no has aprendido cómo

Cuando digo que mi trabajo consiste en enseñar a otros a organizar espacios suelo toparme con caras de asombro. "¿De verdad puedes ganar dinero con eso?" es la primera pregunta. A esta suele seguir otra: "¿La gente necesita recibir clases de organización?".

Es cierto que, aunque los instructores y las escuelas ofrecen toda clase de cursos, desde los de cocina y jardinería hasta los de yoga y meditación, te costará trabajo encontrar lecciones para aprender a organizar. La suposición general es que la organización no es algo que necesite aprenderse, pues se adquiere por naturaleza. Las habilidades y las recetas de cocina se transmiten como tradiciones familiares de la abuela a la madre y a la hija, y sin embargo nunca se ha oído que alguien transmita los secretos familiares de organización, ni siquiera dentro de una misma familia.

Recuerda tu infancia. Estoy segura de que a la mayoría de nosotros nos regañaron por no limpiar nuestra habitación, pero ¿cuántos de nuestros padres nos enseñaron conscientemente a ser organizados desde niños? En un estudio sobre este tema, menos del 0,5 por ciento de los encuestados respondieron afirmativamente. "¿Has estudiado un método para organizar las cosas?". Nuestros padres nos pedían que limpiáramos nuestra habitación, pero a ellos mismos nunca les enseñaron a hacerlo. Cuando de organización se trata, todos somos autodidactas.

La enseñanza de la organización no solo se ha descuidado en casa, sino también en la escuela. Los cursos de economía doméstica que se imparten en Japón y en todo el mundo enseñan a los niños cómo preparar una hamburguesa o cómo usar una máquina de coser para hacer un delantal, pero, a diferencia de la cocina o la costura, no dedican tiempo alguno al tema de la organización.

La comida, la ropa y la vivienda son las necesidades humanas más básicas, de modo que uno podría pensar que al lugar donde vivimos se le daría la misma importancia que a lo que comemos y nos ponemos. Sin embargo, en la mayoría de las sociedades, la organización, esa tarea que mantiene nuestro hogar habitable, está completamente olvidada por la idea equivocada de que la habilidad básica de la organización se adquiere mediante la experiencia y, por lo tanto, no requiere entrenamiento.

¿Las personas que llevan organizando más años que otros lo hacen mejor? La respuesta es "no". El 25 por ciento de mis estudiantes son mujeres de cincuenta y tantos años, y la mayoría han sido amas de casa durante cerca de tres décadas, lo cual las convierte en veteranas de esa actividad. Pero ¿acaso ellas organizan mejor que las mujeres de veintitantos? La respuesta es que es más bien lo contrario. Muchas de ellas han pasado tantos años aplicando enfoques convencionales que su casa rebosa de objetos innecesarios y ellas se esfuerzan por mantener el desorden bajo control con métodos de almacenamiento ineficaces. ¿Cómo podemos esperar que sepan organizar cuando nunca lo han estudiado de una forma adecuada?

Si tú tampoco sabes cómo organizar con eficacia, no te desanimes. Ha llegado la hora de aprender. Al estudiar y aplicar el método KonMari que presento en este libro podrás romper con el círculo vicioso del desorden.

Organiza una sola vez y hazlo bien

"Limpio cuando me doy cuenta de lo desordenado que está mi espacio, pero al poco de terminar, aquello vuelve a ser un caos". Esta es una queja común, y la respuesta estándar que se anuncia en la sección de consejos de las revistas es: "No ordene toda su casa de un tirón. Así solo se cansará. Adquiera el hábito de hacer un poco cada vez". La primera vez que escuché esa recomendación tenía cinco años. Al ser la segunda de tres hijos, me criaron con bastante libertad. Mi madre estaba muy ocupada cuidando de mi hermana recién nacida, y mi hermano, que era dos años mayor que yo, siempre estaba pegado a la televisión con los videojuegos. En consecuencia, pasaba sola la mayor parte de mi tiempo en casa.

Cuando fui un poco mayor, mi pasatiempo favorito fue leer revistas de modas y decoración. Mi madre se suscribió a *ESSE*, revista llena de artículos sobre decoración de interiores y sobre cómo facilitar las labores del hogar, así como de reseñas de productos. Tan pronto como la entregaban, yo la sacaba del buzón antes de que mi madre supiera que había llegado, rompía el sobre y me sumergía en su lectura. En el camino de la escuela a mi casa me gustaba pasar por la librería y hojear la *Orange Page*, popular revista japonesa de cocina. No podía leer todas las palabras, pero aquellas revistas y sus fotos de platos deliciosos, sus magníficos consejos para quitar manchas y grasa, y sus ideas para ahorrar, me resultaban tan fascinantes como a mi hermano las guías de videojuegos. Solía doblar la punta de las páginas que atrapaban mi interés, y soñaba con probar sus consejos.

También inventé una variedad de mis propios "juegos" en solitario. Por ejemplo, tras leer un artículo sobre cómo ahorrar dinero inicié un "juego para ahorrar energía", el cual implicaba recorrer la casa y desconectar las cosas que no se estaban usando, aunque yo no supiera nada sobre los medidores de luz. Después de leer otro artículo, llené de agua botellas de plástico y las puse en la cisterna del baño para un "concurso para ahorrar agua". Los artículos sobre almacenamiento me inspiraron para convertir cartones de leche en separadores para el cajón de mi escritorio y hacer un archivador de cartas apilando estuches de vídeo vacíos entre dos muebles. En esa época, mientras otros niños jugaban a perseguirse o a saltar, yo me escabullía para colocar las estanterías del salón o revisar el contenido de algún armario de limpieza, mientras me quejaba sobre los malos métodos de almacenamiento. "Si tan solo hubiera un gancho en S, esto sería mucho más fácil de usar".

Pero había un problema que parecía irresoluble: sin importar cuánto organizara los espacios, al poco tiempo volvía el desorden. Los separadores de cartón no tardaron en llenarse de bolígrafos. El guardacartas hecho con estuches pronto estaba tan rebosante de cartas y papeles que se caía al suelo. Cuando de cocina o costura se trata, la práctica hace al maestro, pero aunque la organización también es un quehacer doméstico, yo no parecía mejorar, sin importar lo a menudo que lo hiciera (nada se mantenía ordenado por mucho tiempo).

"Es inevitable", me decía yo para consolarme. "El rebote siempre ocurre. Si hago todo el trabajo de un tirón, solo me desanimaré". Había leído eso en muchos artículos sobre organización y lo daba por hecho. Si tuviera una máquina del tiempo, regresaría y me diría: "Eso no es cierto. Si usas el enfoque correcto, nunca habrá rebote".

La mayoría de la gente asocia la palabra "rebote" con las dietas, pero si se usa en el contexto de la organización tiene mucho sentido. Parece lógico que una reducción drástica y súbita del desorden pueda tener el mismo efecto que una reducción drástica de calorías (podría haber una mejoría a corto plazo, pero no sería sostenible durante mucho tiempo). Pero no lo malinterpretes. Tan pronto como empiezas a mover muebles y a deshacerte de cosas, tu habitación cambia. Es muy sencillo. Si ordenas tu casa en un solo intento titánico, la habrás organizado por completo. El rebote ocurre porque la gente cree erróneamente que ha organizado a fondo cuando, en realidad, solo ha ordenado y guardado una parte las cosas. Si ordenas tu casa adecuadamente serás capaz de conservar tu habitación siempre organizada, aun cuando fueras descuidado o desordenado por naturaleza.

Si organizas solo un poco cada día, nunca acabarás

¿Qué pensar de la sugerencia de hacer un poco cada día? Aunque suene convincente, no te dejes engañar. La razón de que parezca que nunca vas a acabar es, precisamente, que organizas solo un poco cada vez.

Suele ser extremadamente difícil cambiar los hábitos de vida adquiridos a lo largo de muchos años. Si hasta la fecha no has podido organizarte, te será casi imposible adquirir el hábito de organizar poco a poco. La gente no cambia de hábitos si primero no cambia su manera de pensar. ¡Y eso no es fácil! Después de todo, es bastante difícil controlar lo que pensamos. Sin embargo, existe una manera para transformar drásticamente lo que pensamos sobre la organización.

El tema de la organización me llamó la atención por primera vez cuando estudiaba secundaria. Me topé con un libro llamado *The Art of Discarding (El arte de desechar)* de Nagisa Ttsumi (Takarajimasha, Inc.), el cual explicaba la importancia de tirar cosas. Compré el libro cuando iba de la escuela a mi casa, pues me fascinó que tratara un tema que nunca antes había encontrado, y aún recuerdo la emoción que sentí mientras lo leía en el tren. Estaba tan absorta que casi siempre estaba a punto de pasarme de parada. Cuando llegué a casa, me fui derecha a mi habitación con un puñado de bolsas de basura y me encerré durante varias horas. Aunque mi habitación era pequeña, al terminar tenía ocho bolsas llenas de cosas (ropa que nunca usaba, libros de texto de primaria, juguetes que no había tocado durante años, mis colecciones de gomas y sellos). Ni siquiera me acordaba de la mayoría de estas cosas. Luego me quedé sentada en el suelo durante una hora mientras miraba la pila de bolsas y me preguntaba para qué rayos me había molestado en guardar todo eso.

Sin embargo, lo que más me impactó fue lo distinta que se veía mi habitación. Después de unas cuantas horas, pude ver zonas que nunca habían estado despejadas. Mi habitación parecía haberse transformado y su atmósfera se sintió tan fresca y brillante que incluso mi mente se despejó. Me di cuenta de que la organización tenía un impacto mucho mayor del que había imaginado. Asombrada por la magnitud del cambio, desde aquel día mi atención se desvió de la cocina y la costura –que yo consideraba la esencia de las labores domésticas–, al arte de la organización.

La organización produce resultados visibles y nunca miente. El mayor secreto del exito es este: si organizas todo de un tirón, y no poco a poco, podrás cambiar tu mentalidad drásticamente. Eso acarrea un cambio tan profundo que alcanzará tus emociones y afectará irremediablemente a tu manera de pensar y tus hábitos. Mis clientes no adquieren el hábito de organizar de manera gradual. Cada uno se libró del desorden desde que empezó con su maratón de organización. Este enfoque es la clave para evitar el rebote.

Cuando la gente vuelve al desorden sin importar cuánto haya organizado, lo que está mal no es su habitación ni sus pertenencias, sino su manera de pensar. Aunque al principio se hayan sentido inspirados, les cuesta trabajo seguir motivados y sus esfuerzos se desvanecen. Esto se debe a que no pueden ver los resultados ni sentir los efectos. Por eso el éxito depende de que experimentemos resultados tangibles e inmediatos. Si usas el método correcto y concentras tus esfuerzos en eliminar a fondo y por completo el desorden, en muy poco tiempo verás resultados instantáneos que te motivarán a mantener tu espacio en orden a partir de ese momento. Cualquiera que experimente este proceso, no importa quién sea, se comprometerá a no volver nunca más al desorden.

Busca la perfección

"No busques la perfección. Empieza despacio y desecha solo un objeto al día". Son palabras que alivian el corazón de aquellos que carecen de confianza en su capacidad para organizar o creen que no tienen tiempo para concluir la tarea adecuadamente. Yo me topé con este consejo en la época en que devoraba cada libro sobre organización publicado en Japón, y me lo tragué completo. El impulso provocado por mi revelación sobre el poder de la organización empezó a debilitarse, y yo empecé a sentirme harta de la falta de resultados sólidos. Esas palabras parecían tener sentido. Buscar la perfección desde el principio parece algo abrumador. Además, se supone que la perfección es inalcanzable. Al tirar una cosa al día, logré deshacerme de 365 cosas al final del año.

Convencida de que había descubierto un método muy práctico, seguí las instrucciones del libro. Abrí mi armario por la mañana y me pregunté qué tirar ese día. Vi una camisa que ya no usaba y la puse en una bolsa de basura. Antes de irme a la cama la siguiente noche, abrí el cajón de mi escritorio y descubrí un cuaderno que parecía demasiado infantil para mí. Lo puse en la bolsa. Al ver un bloc de notas en el mismo cajón, pensé: "Ya no lo necesito", pero cuando estaba a punto de tirarlo, me detuve ante un nuevo pensamiento: "Puedo guardar eso para tirarlo mañana". Y esperé hasta la mañana siguiente para desecharlo. Al día siguiente me olvidé de tirar cosas, así que otro día tiré dos...

Para ser sincera, no aguanté ni dos semanas. No soy del tipo de personas a las que les gusta avanzar un paso cada vez. A las personas como yo, que hacemos nuestras tareas un día antes de la fecha límite, ese enfoque simplemente no nos funciona. Además, tirar un objeto al día no compensaba el hecho de que, cuando voy de compras, adquiero varias cosas a la vez. Al final, mi ritmo de eliminación quedó muy superado por mi ritmo de adquisición, y sufrí la decepción de ver que mi espacio aún estaba desordenado. Al poco tiempo, había olvidado por completo tirar un objeto cada día.

Por experiencia puedo decirte que nunca pondrás tu casa en orden si solo la limpias a medias. Si tú tampoco eres una persona perseverante y diligente, entonces te recomiendo buscar la perfección de una sola vez. Quizá muchos van a protestar por mi uso de la palabra "perfección" e insistirán en que es una meta imposible. Pero no te preocupes. A fin de cuentas, organizar es un acto físico. El trabajo que implica puede dividirse, en términos generales, en dos tipos: decidir si tirar algo o no y decidir dónde ponerlo. Si puedes hacer estas dos cosas, alcanzarás la perfección. Los objetos pueden contarse. Solo necesitas mirarlos, uno por uno, y decidir si lo conservas o no y dónde ponerlo. Eso es todo lo que necesitas para hacer esta tarea. No es difícil organizar perfecta y completamente si lo haces de un tirón. De hecho, cualquiera puede hacerlo. Y si quieres evitar el rebote, es la única manera de hacerlo.

Tan pronto como empieces, reajustarás tu vida

¿Alguna vez te has sentido incapaz de estudiar la noche anterior a un examen y te has puesto a limpiar como un loco? Confieso que yo lo he hecho. La verdad es que ese fue un episodio habitual en mi vida. Cogía los montones de fotocopias que cubrían mi escritorio y los tiraba a la basura. Luego, incapaz de parar, recogía los libros y papeles que estaban tirados en el suelo y empezaba a colocarlos en la estantería. Por último, abría el cajón de mi escritorio y organizaba mis bolígrafos y lápices. Antes de darme cuenta, eran las dos y media de la mañana. Derrotada por el sueño, me despertaba bruscamente a las cinco, y solo entonces, llena de pánico, abría mi libro y me ponía a estudiar.

Creía que esta necesidad de organizar antes de un examen era una peculiaridad mía, pero después de conocer a muchos otros que hacían lo mismo me di cuenta de que se trataba de un fenómeno común. Mucha gente siente la necesidad de limpiar cuando está bajo presión, como justo antes de hacer un examen. Pero esta urgencia no ocurre porque quieran ordenar su habitación. Ocurre porque necesitan poner en orden "algo más". En realidad su cerebro les dice que estudien, pero cuando perciben el espacio desordenado, su atención cambia a "necesito limpiar mi habitación". Esta teoría queda demostrada por el hecho de que la necesidad de organizar rara vez continúa una vez pasada la crisis. Cuando el examen ha concluido, se disipa la pasión que la noche anterior se volcó en limpiar y la vida regresa a la normalidad. Cualquier idea relacionada con la organización se borra de la mente de la persona. Esto se debe a que el problema en cuestión (en este caso, la necesidad de estudiar para el examen) ha quedado "guardado en su sitio".

Esto no significa que limpiar tu habitación vaya a calmar tu mente atormentada. Aunque puede ayudarte a sentirte revitalizado temporalmente, el alivio no durará porque no te has enfrentado a la verdadera causa de tu ansiedad. Si te dejas engañar por el alivio temporal que te da haber organizado tu espacio físico, nunca reconocerás la necesidad de ordenar tu espacio psicológico. Distraída por la "necesidad" de organizar mi habitación, tardé mucho tiempo en analizar y concluir que mis calificaciones siempre fueron malas.

Imagina una habitación desordenada. No se desordena sola. Tú, la persona que vive en ella, es quien la ha convertido en una pocilga. Dicen que "una habitación caótica es el reflejo de una mente caótica". Yo lo veo así. Cuando una habitación se desordena, la causa no es solo física. El caos visible nos ayuda a distraernos del verdadero origen del trastorno. En realidad, el acto de desordenar es un reflejo instintivo que distrae nuestra atención del meollo de un problema. Si no puedes sentirte relajado en un cuarto limpio y ordenado, afronta tu sentimiento de ansiedad. Bien podría arrojar luz sobre lo que en realidad te pasa. Cuando tu habitación está limpia y organizada, no te queda más opción que examinar tu estado interior. Puedes ver cualquier problema que hayas evitado y te enfrentas a él. Tan pronto como empiezas a organizar, te sientes obligado a reajustar tu vida. Como resultado, tu vida empieza a cambiar. Por esto la tarea de poner tu casa en orden debe hacerse rápido. Te permite afrontar los problemas importantes. La organización es solo un instrumento, no el destino final. El verdadero objetivo debe ser que establezcas el estilo de vida que quieres cuando hayas puesto tu casa en orden.

Los que almacenan son acumuladores

¿Cuál es el primer problema que surge cuando pensamos en organizar? Para muchos, la respuesta es el almacenamiento. A menudo, mis clientes quieren que les enseñe dónde poner cada cosa. Créeme, puedo hacerlo, pero no es el verdadero problema. La palabra "almacenamiento" esconde una trampa. Los artículos sobre cómo organizar y almacenar los productos siempre van acompañados de frases cliché que lo hacen parecer sencillo, como "Organiza tu espacio en un instante", o "Haz de la organización algo rápido y fácil". Tomar el camino fácil está en la naturaleza humana, y la mayoría de la gente se apresura a aceptar los métodos de almacenamiento que prometen maneras rápidas y convenientes para acabar con el desorden visible. Confieso que yo también me quedé cautivada por el "mito del almacenamiento".

Como ávida lectora de revistas de decoración desde que era una niña, cada vez que leía un artículo sobre cómo guardar las cosas tenía que probar cada sugerencia de inmediato. Hice cajones con cajas de pañuelos y rompí mi hucha para comprar fabulosos artículos de almacenaje. Cuando estudiaba secundaria, en mi camino de regreso a casa solía detenerme en la tienda de materiales para construcción DIY y hojeaba revistas para conocer los últimos productos. Incluso llamé al fabricante de unos artículos muy interesantes y le pedí a la recepcionista que me contara la historia de cómo los habían inventado. Muy obediente, usé esos artículos de almacenaje para organizar mis cosas. Luego me quedé parada admirando mi trabajo, contenta con lo considerado que se había vuelto el mundo. Por esta experiencia, puedo declarar que, sinceramente, los métodos de almacenamiento no resuelven el problema de cómo deshacerse del desorden. Al final, solo es una respuesta superficial.

Pronto me di cuenta de que mi habitación aún no estaba ordenada, a pesar de que estaba llena de revisteros, estanterías, separadores de cajones y otras unidades de almacenaje de toda índole. Me pregunté: "¿Por qué siento que mi habitación aún está desordenada a pesar de que la he organizado y he puesto las cosas en su sitio?". Desesperanzada, miré el contenido de cada unidad de almacenaje y tuve un destello revelador: no necesitaba la mayoría de las cosas que había en ellas. Aunque creí haber organizado, en realidad solo había perdido el tiempo guardando cosas, ocultando bajo una tapa los objetos que no necesitaba. Guardar las cosas crea la ilusión de haber resuelto el problema del desorden. Pero, tarde o temprano, todas las unidades de almacenaje se llenan, la habitación vuelve a rebosar de cosas, surge la necesidad de métodos de almacenamiento nuevos y "fáciles", y todo esto crea una espiral negativa. Por eso, la organización debe empezar por la eliminación. Necesitamos ejercer el autocontrol y resistirnos a guardar nuestras cosas hasta que hayamos terminado de identificar lo que en verdad queremos y necesitamos conservar.

Ordena por categorías, no por ubicaciones

Mi estudio de la organización se hizo más serio cuando estaba en secundaria y consistió, básicamente, en la práctica repetida. Cada día limpiaba un lugar: mi propia habitación, la habitación de mi hermano, la de mi hermana, el baño. Cada día planeaba qué espacio organizar, y lanzaba campañas para mí sola que parecían ofertas de liquidación: "El día 5 de cada mes es el 'día del salón'". "Hoy es el 'día de limpiar la despensa'". "Mañana tocan los armarios del baño".

Conservé esa costumbre aun después de entrar en el instituto. Cuando volvía a casa, me iba derecha al lugar que había decidido limpiar ese día sin ni siquiera cambiarme el uniforme. Si mi objetivo era un conjunto de cajones de plástico en el armario del baño, abría las puertas y tiraba todo lo que había en un cajón, incluso las muestras de maquillaje, jabones, cepillos de dientes y cuchillas. Luego lo ordenaba por categorías, lo organizaba dentro de cajas y volvía a meterlo todo en el cajón. Por último, contemplaba en silenciosa admiración esos objetos tan perfectamente organizados antes de pasar al siguiente cajón. Me sentaba durante horas en el suelo, ordenando las cosas en el armario hasta que mi madre me llamaba para cenar.

Un día estaba ordenando el contenido de un cajón en el armario del recibidor cuando me detuve sorprendida. "Este parece el mismo armario que limpié ayer", pensé yo. No lo era, pero los objetos que había dentro eran los mismos (muestras de maquillaje, jabones, cepillos de dientes y cuchillas). Los ordené por categorías, los puse en cajas y los volví a meter en el cajón, tal como había hecho el día anterior. Fue entonces que caí en la cuenta: organizar por ubicación es un error fatal. Me cuesta aceptar que tardé tres años en ver esto.

Muchas personas se sorprenden cuando oyen que ese método aparentemente viable es en realidad una trampa común. La raíz del problema está en que la gente suele guardar el mismo tipo de objetos en más de un lugar. Cuando ordenamos cada lugar por separado, no nos damos cuenta de que repetimos el mismo trabajo en muchos sitios y quedamos atrapados en un círculo vicioso. Por ejemplo, en lugar de decidir que hoy organizarás una habitación en particular, fíjate metas como "la ropa hoy, los libros mañana". Una razón importante del fracaso de nuestros intentos de organización es que tenemos demasiadas cosas. Este exceso es causado por nuestro desconocimiento de cuántas cosas tenemos en realidad. Si guardamos las mismas cosas en varios lugares de la casa y nos ponemos a organizar cada lugar por separado, nunca podremos conocer el volumen total y, por lo tanto, nunca terminaremos. Para romper esta espiral negativa, organiza por categorías, no por lugar.

No cambies el método
para ajustarlo a tu personalidad

Los libros sobre organización y limpieza suelen afirmar que la causa del desorden cambia según la persona y que, por lo tanto, debemos hallar el método que mejor se ajuste a nuestra personalidad. A primera vista, este argumento suena convincente. Uno podría pensar: "Así que por eso no puedo mantener mi espacio en orden". "El método que uso no se ajusta a mi carácter". Podemos consultar la tabla que dice qué método funciona para la gente descuidada, ocupada, quisquillosa o no quisquillosa, y elegir el que mejor se ajuste.

En cierto momento, yo también exploré la idea de clasificar los métodos de organización según el tipo de carácter. Leí libros de psicología, pregunté a mis clientes acerca de su tipo de sangre, el carácter de sus padres y cosas similares, e incluso revisé su fecha de nacimiento. Pasé más de cinco años analizando mis hallazgos en busca de un principio general que dictara el mejor método para cada tipo de personalidad. En lugar de eso descubrí que no tiene ningún sentido cambiar el método para ajustarlo a tu personalidad. Cuando de organizar se trata, la mayoría de la gente es descuidada. También está ocupada. En cuanto a ser quisquilloso, uno lo es con determinadas cosas y no lo es con otras. Cuando examiné los tipos de personalidad sugeridas, me percaté de que yo encajaba en todas. Entonces, ¿qué criterio usar para clasificar las razones de la gente para ser desorganizada?

Tengo el hábito de clasificar todo, quizá porque pasé mucho tiempo reflexionando sobre cómo organizar. Cuando empecé a trabajar como consultora me esforcé mucho para clasificar a mis clientes y adaptar el contenido de mis servicios para que se ajustara a cada tipo. Sin embargo, al reevaluar, vi que tenía un motivo oculto. De algún modo, imaginaba que un enfoque complejo, compuesto de métodos diferentes para personalidades diferentes, me haría parecer más profesional. Después de considerarlo con cuidado, concluí que tiene mucho más sentido clasificar a las personas por sus acciones que por rasgos de personalidad generalizados.

Según este enfoque, a la gente que no puede ser organizada podemos clasificarla solo en tres tipos: el de "no puedo deshacerme de las cosas", el de "no puedo volver a poner las cosas en su sitio" y el de "la combinación de los dos anteriores". Al observar a mis clientes me di cuenta de que el 90 por ciento pertenece a la tercera categoría –"no puedo deshacerme de las cosas ni puedo volver a ponerlas en su sitio"–, mientras el 10 por ciento restante es del tipo de "no puedo volver a poner las cosas en su sitio". Aún no conozco a un "no puedo deshacerme de las cosas" en estado puro, quizá porque cualquiera que no pueda deshacerse de cosas pronto tendrá tantas que su espacio de almacenamiento se desbordará. En cuanto al 10 por ciento que sí puede desechar cosas pero no guardarlas en su sitio, cuando nos ponemos a organizar en serio, pronto nos parece obvio que ellos podrían desechar mucho más, pues producen al menos 30 bolsas de basura.

Lo que quiero decir es que la organización debe empezar con la eliminación de cosas sin importar el tipo de personalidad. Tan pronto como mis clientes entienden este principio, ya no necesito cambiar el contenido de lo que enseño para adaptarlo a la persona. Les enseño el mismo enfoque a todos. La manera en que lo transmito y en que cada cliente lo pone en práctica son distintas por naturaleza, pues cada individuo es tan único como la manera en que amuebla su casa. La organización efectiva implica solo dos acciones esenciales: eliminar cosas y decidir dónde guardarlas. De estas dos, la eliminación va primero. Este principio no cambia. El resto depende del nivel de organización que quieras alcanzar.

Convierte la organización en un suceso especial

Cuando empiezo un curso digo: "La organización es un suceso especial. No la hagas todos los días". Esto suele provocar un momento de silencio, se quedan estupefactos. Sin embargo, insisto: la organización debe hacerse solo una vez. O, para ser más precisos, el trabajo de organización debe hacerse de una vez por todas en un solo momento.

Si crees que la organización es una labor interminable que debe hacerse todos los días, estás muy equivocado. Hay dos tipos de organización, la "diaria" y la del "suceso especial". La organización diaria, que consiste en usar algo y volver a ponerlo en su lugar, siempre será parte de nuestra vida en tanto necesitemos usar ropa, libros, materiales de escritura, etcétera. Pero el propósito de este libro es inspirarte para que te ocupes del "suceso especial" de poner tu casa en orden lo antes posible.

Al realizar esta tarea única e irrepetible alcanzarás el estilo de vida al que aspiras y podrás gozar del espacio limpio y ordenado de tu elección. ¿Puedes ponerte la mano en el corazón y jurar que te sientes feliz aunque estés rodeado de tantas cosas que ni siquiera recuerdas que hay ahí? La mayoría de la gente necesita desesperadamente poner su casa en orden. Por desgracia, ellos no abordan esta tarea como un "suceso especial" y tienen que resignarse a vivir en habitaciones que más bien parecen almacenes. Pueden pasar décadas mientras tratan de mantener el orden organizando sus espacios a diario.

Créeme. Si no has realizado la tarea única e irrepetible de poner tu casa en orden, cualquier intento de organizar tu espacio a diario está condenado al fracaso. Por el contrario, cuando ya has puesto tu casa en orden, la organización se reducirá a la sencilla labor de volver a poner las cosas en el sitio al que pertenecen. De hecho, esto se vuelve un hábito inconsciente. Utilizo la expresión "suceso especial" porque es fundamental realizar esta tarea en poco tiempo, mientras aún te sientes con energía y emocionado por lo que estás haciendo.

Es probable que sientas temor de que una vez que concluyas, tu espacio vuelva a ser un caos. Tal vez compras demasiadas cosas y temes que vuelvan a amontonarse. Sé que es difícil creer en algo que no has probado, pero una vez que finalices esta organización tan drástica no volverás a tener dificultades para poner las cosas en el sitio al que pertenecen ni para decidir dónde guardar las nuevas. Por increíble que parezca, solo necesitas experimentar una vez un estado de orden perfecto para ser capaz de conservarlo. Todo lo que necesitas es darte el tiempo para sentarte y examinar cada una de tus pertenencias, decidir si quieres conservarla o desecharla, y luego elegir dónde poner lo que conserves.

¿Alguna vez has pensado cosas como "Yo, simplemente, no soy bueno para organizar" o "No tiene sentido intentarlo; nací desordenado"? Muchas personas viven durante años con este tipo de imagen negativa de sí mismas, pero tal imagen desaparece cuando experimentan un espacio propio perfectamente limpio. Este cambio tan drástico en la autopercepción, la creencia de que puedes hacer cualquier cosa si ajustas tu mente para lograrla, transforma la conducta y el estilo de vida. Por eso mis alumnos nunca vuelven al caos. Una vez que experimentes el poderoso impacto de un espacio perfectamente ordenado, tú tampoco volverás al caos. ¡Sí, estoy hablando de ti!

Quizá esto parezca difícil, pero puedo decirte con toda honestidad que es bastante sencillo. Cuando organizas, tratas con objetos. Los objetos son fáciles de desechar y cambiar de lugar. Cualquiera puede hacerlo. Tu objetivo es claro y visible. En el momento en que pongas todo en su lugar, habrás cruzado la línea de meta. A diferencia del trabajo, la escuela o los deportes, aquí no necesitas comparar tu desempeño con el de nadie más. Tú eres el ganador. Y lo mejor es que eso que a los demás les resulta tan difícil (continuar) se vuelve totalmente innecesario. Solo tienes que decidir una vez dónde poner las cosas.

Nunca organizo mi habitación. ¿Por qué? Pues porque ya está organizada. Solo la ordeno una o dos veces al año, y durante un máximo de una hora cada vez. Hoy me cuesta trabajo creer que haya pasado tantos días organizando sin ver resultados permanentes. Hoy me siento feliz y contenta. Tengo tiempo para experimentar la felicidad en mi espacio de tranquilidad, e incluso siento el aire fresco y limpio; tengo tiempo para sentarme y tomar té de hierbas mientras reflexiono sobre mi día. Al mirar a mi alrededor, mi vista se detiene en una pintura que adoro de manera particular y que compré en el extranjero, y en un jarrón con flores frescas que está en una esquina. Aunque no es grande, el espacio en el que vivo está dotado solo de aquellas cosas que le hablan a mi corazón. Mi estilo de vida me da alegría.

¿No te gustaría vivir de esta manera?

Esto es fácil una vez que sabes cómo poner tu casa en verdadero orden.

CAPÍTULO DOS

Primero desecha

Empieza por desechar
todo de una vez

Crees que has organizado todo perfectamente, pero a los pocos días tu habitación vuelve a estar desordenada. Con el paso del tiempo, acumulas más cosas y antes de que te des cuenta tu espacio ha retrocedido a un estado anterior. Este efecto de rebote es provocado por métodos ineficaces que solo abordan la organización superficialmente. Como he mencionado antes, solo hay una manera de escapar de esta espiral negativa: organizando eficientemente todo de una vez, lo más rápido posible, para generar un ambiente perfecto y libre de desorden. Pero ¿cómo crea esto la mentalidad correcta?

Cuando organizas tu espacio por completo transformas el escenario que te rodea. El cambio es tan profundo que sentirás que vives en un mundo totalmente distinto. Esto influye de manera muy profunda en tu mente e inspira una fuerte aversión a regresar a un espacio desordenado. La clave es hacer el cambio de manera tan repentina que experimentes un cambio total de actitud. Si el proceso es gradual, nunca podrá lograrse el mismo impacto.

Para lograr un cambio repentino necesitas usar el método de organización más eficiente. De otro modo, el día se te habrá ido antes de que te des cuenta y no habrás hecho ningún avance. Cuanto más tiempo tardes, más cansado te sentirás y más probable será que te des por vencido hacia la mitad. Cuando las cosas vuelvan a amontonarse, habrás caído en un pozo sin fondo. Por mi experiencia, "rápido" significa más o menos medio año. Eso puede parecer mucho tiempo, pero solo son seis meses de toda tu vida. Cuando hayas concluido el proceso y experimentado lo que se siente al ver todo perfectamente organizado, te habrás liberado para siempre de la idea equivocada de que no eres bueno para organizar.

Para los mejores resultados, te pido que te aferres fielmente a la siguiente regla: organiza en el orden correcto. Como hemos visto, esto solo involucra dos tareas: eliminar cosas y decidir dónde guardarlas. Son solo dos, pero la eliminación debe ir primero. Asegúrate de concluir la primera tarea antes de empezar con la siguiente. Ni siquiera pienses en guardar tus cosas antes de haber terminado el proceso de eliminación. No seguir este orden es una razón de que mucha gente nunca logre un avance permanente. Apenas llevan media eliminación y ya empiezan a pensar dónde poner las cosas. Tan pronto como piensan: "Me pregunto si esto cabrá en este cajón", detienen su trabajo de eliminación. Puedes pensar dónde poner las cosas cuando hayas acabado de deshacerte de todo lo que no necesitas.

En resumen, el secreto del éxito es organizar de un solo tirón, de la manera más rápida y completa posible, y empezar por eliminar.

Antes de empezar,
visualiza tu destino

A estas alturas ya puedes entender por qué es fundamental que tires cosas antes de pensar dónde guardarás las que conserves. Pero empezar a desechar sin planear nada por anticipado sería ponerte en el camino del fracaso antes de empezar. Mejor, empieza por identificar tu objetivo. Debes tener alguna razón para estar leyendo este libro. ¿Qué fue lo que te motivó a organizar en un principio? ¿Qué esperas alcanzar mediante la organización?

Antes de desechar nada, date tiempo para pensar esto con cuidado. Tal cosa implica visualizar tu estilo de vida ideal. Si omites este paso, no solo retrasarás todo el proceso sino que te pondrás en un riesgo mucho mayor de rebote. Objetivos como "quiero vivir libre de desorden" o "quiero ser capaz de poner las cosas en su lugar" son demasiado generales. Necesitas pensar de manera mucho más profunda. Piensa en términos concretos para que puedas imaginar vívidamente cómo sería vivir en un espacio libre de desorden.

Una clienta de veintitantos años definió su sueño como "un estilo de vida más femenino". Ella vivía en una caótica habitación de "siete tapetes" –en Japón, es una habitación de siete tatamis, o sea, de 3 x 4 metros– con un armario fijo y tres estantes de diferentes tamaños. Con esto debería tener suficiente espacio de almacenamiento, pero mirase donde mirase, todo lo que veía era desorden. El armario estaba tan repleto que las puertas no cerraban y la ropa se salía de los cajones como el relleno de una hamburguesa. El riel para la cortina del ventanal tenía tanta ropa colgada que no hacía falta cortina. El suelo y la cama estaban cubiertos de cestas y bolsas llenas de revistas y papeles. Cuando mi clienta se iba a dormir, ponía en el suelo las cosas que había en su cama, y cuando se levantaba, volvía a ponerlas en la cama para abrirse camino hacia la puerta e irse a trabajar. Nadie, por mucha imaginación que tuviese, podría haber descrito ese estilo de vida como "femenino".

Yo le pregunté: "¿A qué te refieres con 'estilo de vida femenino'?". Ella pensó un largo rato antes de responder.

"Bueno, cuando volviese del trabajo, no habría nada en el suelo... y mi habitación estaría tan ordenada como una suite de hotel, sin que nada obstruyera la línea de visión. Tendría una colcha rosa y una lámpara blanca estilo antiguo. Antes de irme a la cama, me daría un baño, quemaría aceites aromáticos y escucharía música clásica de piano o violín. Después haría yoga y bebería té de hierbas. Me quedaría dormida con una imperturbable sensación de espacialidad".

Su descripción era muy vívida, como si ella de veras viviera de esa manera. Es importante que logres ese grado de detalle y tomes notas cuando visualices tu estilo de vida ideal. Si te cuesta trabajo imaginar el tipo de vida que te gustaría llevar, mira revistas de decoración y busca fotos que te digan algo. También puede resultarte útil visitar casas en exposición. Ver una diversidad de casas te ayudará a sentir qué es lo que te gusta. Por cierto, a la clienta de veras le gustaba la aromaterapia, la música clásica y el yoga después de bañarse. Liberada de las profundidades del desorden, ella surgió para encontrar el estilo de vida femenino al que aspiraba.

Ahora que puedes imaginar el estilo de vida que sueñas, ¿es hora de empezar a desechar? No, aún no. Entiendo tu impaciencia, pero para evitar el rebote necesitas avanzar adecuadamente, paso a paso, mientras emprendes esta tarea de una sola vez en la vida. Tu próximo paso es identificar por qué quieres vivir así. Vuelve a revisar tus apuntes sobre el estilo de vida que quieres y vuelve a pensar. ¿Por qué quieres hacer aromaterapia antes de irte a dormir? ¿Por qué quieres oír música clásica mientras haces yoga? Si tus respuestas son "porque quiero relajarme antes de dormir" y "quiero hacer yoga para adelgazar", entonces pregúntate por qué quieres relajarte y por qué quieres adelgazar. Quizá tus respuestas sean: "No quiero sentirme cansado cuando me vaya a trabajar al día siguiente" y "Quiero ponerme a dieta para ser más atractivo". Y, de nuevo, vuelve a preguntarte el porqué de cada respuesta. Repite este proceso de tres a cinco veces cada tema.

Mientras sigues explorando las razones de tu estilo de vida ideal llegarás a una sencilla conclusión. El sentido tanto de desechar como de conservar cosas es ser feliz. Puede parecer obvio, pero es importante que tú mismo experimentes esta conclusión y la incorpores en tu corazón. Antes de empezar a organizar, observa el estilo de vida al que aspiras y pregúntate: "¿Por qué quiero organizar?". Cuando encuentres la respuesta estarás listo para dar el siguiente paso: examinar lo que posees.

Cómo elegir: ¿Esto me hace feliz?

¿Qué criterio usas para decidir qué desechar?

Cuando de tirar cosas se trata, hay varios patrones comunes. Uno es eliminar las cosas cuando dejan de ser funcionales, por ejemplo, cuando algo se avería de manera irreparable o cuando se pierde parte de un conjunto. Otro es eliminar cosas que ya pasaron de moda, como ropa anticuada u objetos relacionados con un suceso pasado. Es fácil deshacerse de cosas cuando hay razones obvias para hacerlo. Es mucho más difícil cuando no hay una razón apremiante. Varios expertos han propuesto reglas para desechar cosas que a la gente le cuesta trabajo tirar. Algunas de estas reglas son: "Desecha todo lo que no hayas usado durante un año", o "Si no puedes decidirte, guarda esos objetos en una caja y obsérvalos seis meses después". Sin embargo, cuando empiezas a pensar *cómo* elegir lo que quieres tirar, ya te has desviado bastante del camino. En este estado, es extremadamente arriesgado seguir organizando.

En cierto momento de mi vida, prácticamente me convertí en una "máquina de desechar". Después de descubrir *The Art of Discarding* cuando tenía quince años, centré mi atención en cómo deshacerme de cosas y mis labores de investigación se intensificaron. Siempre estaba en busca de nuevos lugares para practicar, ya fuera en la habitación de mis hermanos o en las taquillas comunes del colegio. Mi cabeza estaba llena de consejos para organizar, y tenía una seguridad absoluta (aunque mal orientada) de que podía organizar cualquier lugar. En aquel momento mi objetivo en particular era deshacerme de tantas cosas como fuera posible. Apliqué cada criterio para desechar cosas que se sugería en los libros que leí. Traté de deshacerme de ropa que no me había puesto en dos años, tiraba una prenda cada vez que compraba otra nueva y lo mismo con cualquier cosa de la que no estuviera segura. Tiré 30 bolsas de basura en un mes. Pero daba igual cuántas cosas desechara, seguía sin ver ningún espacio de mi casa más ordenado.

De hecho, empecé a irme de compras para aliviar el estrés, y así fracasé por completo al tratar de reducir el volumen total de mis pertenencias. Cuando estaba en casa, siempre me sentía tensa, siempre en busca de cosas superfluas que pudiera tirar. Cuando encontraba algo que no usaba, lo agarraba con rabia y lo tiraba a la basura. No es de sorprender que yo me volviera cada vez más irritable y tensa, y que se me hiciera imposible relajarme incluso en mi propia casa.

Un día, después de clase, abrí la puerta de mi habitación para limpiar como solía hacer. Al ver ese espacio tan desorganizado me di por vencida. Grité: "¡Ya no quiero limpiar nunca más!". Me senté en el centro de mi habitación y empecé a pensar. Aunque había pasado tres años organizando y tirando cosas, mi habitación aún estaba desordenada.

–¡Por favor, que alguien me diga por qué mi habitación no está ordenada a pesar de lo mucho que me he esforzado para que lo esté!

Aunque no dije esto en voz alta, mi corazón prácticamente lo gritaba. En aquel momento oí una voz.

–Mira más de cerca lo que hay ahí.

–¿Qué quieres decir? Yo miro a diario lo que hay ahí, y tan de cerca que podría cavar un hoyo que lo atravesara.

Con ese pensamiento aún en mi cabeza, muy pronto me quedé dormida en el suelo. Si hubiera sido más lista me habría dado cuenta, antes de haberme vuelto tan neurótica, que concentrarme en tirar cosas solo puede traer infelicidad. ¿Por qué? Porque deberíamos escoger lo que queremos guardar, no lo que queremos tirar.

Cuando me desperté, supe de inmediato lo que la voz en mi cabeza me había querido decir. "Mira más de cerca lo que hay ahí". Había estado tan concentrada en qué descartar, en eliminar los obstáculos indeseables que tenía a mi alrededor, que me había olvidado de valorar las cosas que amaba, los objetos que quería conservar. Por medio de esta experiencia llegué a la conclusión de que la mejor manera de elegir qué guardar y qué desechar es sostener cada objeto en la mano y preguntarte: "¿Esto me hace feliz?". Si es así, consérvalo. Si no, deséchalo. Este criterio no solo es el más sencillo, sino también el más preciso para juzgar.

Tal vez cuestiones la efectividad de un criterio tan vago, pero el secreto está en sostener en la mano cada objeto. No se trata solo de abrir tu armario y decidir tras un vistazo superficial que todo lo que hay ahí te hace feliz. Debes tomar cada prenda con las manos. Cuando tocas una prenda de vestir, tu cuerpo reacciona. Su respuesta a cada objeto es diferente. Créeme y haz la prueba.

Yo elegí este criterio por una razón. Después de todo, ¿qué sentido tiene organizar? Si no es que nuestro espacio y las cosas que hay ahí nos den felicidad, entonces creo que no tiene ningún sentido. Por lo tanto, el mejor criterio para elegir qué conservar y qué desechar es si conservarlo te hará feliz, si te va a provocar alegría.

¿Te hace feliz ponerte ropa que no te gusta?

¿Te alegra estar rodeado de montones de libros que no te llegan al corazón?

¿Crees que poseer accesorios que nunca usarás puede hacerte feliz?

La respuesta a estas preguntas debería ser "no".

Ahora imagina que vives en un espacio que solo contiene cosas que te dan felicidad. ¿No es el estilo de vida que sueñas?

Guarda las cosas que hablan a tu corazón. Luego da el siguiente paso y desecha todo lo demás. Al hacer esto podrás reajustar tu vida e iniciar un nuevo estilo de vida.

Una categoría
a la vez

Decidir qué conservar según lo que llena tu corazón de alegría es el paso más importante de la organización. Pero ¿qué pasos concretos se necesitan para eliminar eficientemente lo que sobra?

Empezaré por decirte qué no hacer. No empieces a seleccionar y desechar por ubicación. No pienses: "Primero organizaré la habitación y luego el salón", u "Organizaré mis cajones uno por uno, de arriba abajo". Este método es fatal porque, como ya vimos, la mayoría de la gente no se preocupa por guardar objetos similares en el mismo lugar.

En la mayoría de los hogares los objetos que caen en la misma categoría los guardan en dos o más lugares desperdigados por toda la casa. Por ejemplo, imagina que empiezas por el vestidor o el armario de tu habitación. Después de que has terminado de clasificar y desechar todo lo que hay ahí, es muy probable que te topes con la ropa que guardaste en un armario distinto o el abrigo que dejaste sobre un sillón del salón. Entonces tendrás que repetir todo el proceso de elegir y guardar, perderás tiempo y esfuerzo y no podrás evaluar adecuadamente lo que quieres conservar y desechar en tales condiciones. La repetición y el esfuerzo desperdiciado pueden matar la motivación, y por eso deben evitarse.

Por esta razón recomiendo que siempre pienses en organizar por categorías, no por lugar. Antes de decidir qué conservas, junta todo lo que pertenezca a la misma categoría, todo de una vez. Coge todos esos objetos y júntalos en un solo lugar. Para mostrar los pasos, retomemos el ejemplo de la ropa. Empiezas por decidir que vas a organizar y guardar tu ropa. El siguiente paso es buscar en cada habitación de la casa. Lleva al mismo lugar cada prenda que encuentres y extiéndela en el suelo. Esas son las únicas prendas que conservarás. Sigue este procedimiento para cada categoría. Si tienes demasiada ropa, puedes establecer subcategorías, como camisas, pantalones, calcetines, etcétera, y examina tu ropa subcategoría por subcategoría.

Juntar todos los objetos del mismo tipo en un solo lugar es esencial para este proceso, pues te da una idea exacta de la cantidad de cosas que tienes. La mayoría de la gente se queda impresionada al ver el volumen, que suele ser al menos el doble del que imaginaban. Al reunir las cosas en un sitio, también podrás comparar objetos de diseño similar, lo cual facilita decidir si quieres conservarlos.

Tengo otra buena razón para sacar de los cajones, cómodas y armarios todos los objetos del mismo tipo y extenderlos en el suelo. Las cosas ocultas a la vista están como dormidas. Esto dificulta mucho decidir si inspiran alegría o no. Al exponerlas a la luz del día y reavivarlas, por decirlo así, te resultará sorprendentemente fácil decidir si tocan tu corazón.

Ocuparte de una sola categoría en un solo momento acelera el proceso de organización. Así que asegúrate de reunir hasta el último objeto de la categoría con la que estás trabajando. No dejes que ninguna se te escape.

Empieza
bien

Te levantas con todo el ánimo para organizar, pero antes de que te des cuenta el sol ya se ha ido y tú apenas has avanzado. Sobresaltado, ves la hora y empiezas a hundirte en el remordimiento y la desesperación. Y ¿qué es lo que traes en las manos? Es muy probable que sea uno de tus tebeos favoritos, un álbum u otro objeto que te trae buenos recuerdos.

Mi consejo para empezar a organizar no por habitación sino por categoría (juntar todas las cosas afines de una vez) no significa que debas empezar con cualquier categoría que quieras. El grado de dificultad que implica seleccionar qué conservar y qué desechar varía enormemente según la categoría. Por lo regular, mucha gente se queda atascada a la mitad del proceso porque empieza con las cosas sobre las que les cuesta más trabajo decidir. No conviene que los principiantes comiencen con cosas que traen recuerdos, como las fotos. La cosas de esta categoría no solo suelen existir en mayor volumen que cualquier otra, sino que nos presentan muchas más dificultades para decidir si las conservamos o no.

Además del valor físico de las cosas, tres factores añaden valor a las pertenencias: función, información y apego emocional. Cuando se añade el elemento de rareza, se multiplica la dificultad para elegir qué eliminar. A la gente le cuesta trabajo deshacerse de cosas que aún podrían usar (valor funcional), que contienen información útil (valor informativo) o con lazos sentimentales (valor emocional). Cuando estas cosas son difíciles de conseguir o restituir (rareza), se vuelven aún más difíciles de desechar.

El proceso de decidir qué conservar y qué desechar será mucho más sencillo si empiezas con objetos sobre los que es menos difícil decidir. A medida que avanzas hacia las categorías más difíciles, irás perfeccionando tus habilidades para tomar decisiones. La ropa es lo más fácil, pues su valor de rareza es extremadamente bajo. Por otro lado, las fotografías y las cartas no solo tienen un alto valor sentimental, sino que son únicas; por lo tanto, deben dejarse para el final. Esto ocurre de manera particular con las fotografías, pues suelen aparecer al azar mientras se ordenan otras categorías, y en los lugares más inesperados, por ejemplo entre los libros y los papeles. La mejor secuencia es: primero la ropa, luego los libros, papeles, objetos varios *(komono)*, y por último los objetos y los recuerdos sentimentales. Este orden también ha demostrado ser el más eficiente en cuanto al nivel de dificultad para la posterior tarea de almacenamiento. Además, apegarnos a esta secuencia afina nuestra intuición respecto a los objetos que despiertan alegría en nuestro interior. Si puedes acelerar drásticamente la velocidad del proceso de toma de decisiones con solo cambiar el orden de lo que desechas, ¿no crees que vale la pena intentarlo?

No dejes que te vea tu familia

El maratón de organización produce un montón de basura. En esta etapa, el único desastre que puede causar más caos que un terremoto es la intromisión de un experto en reciclaje que opera con el alias de "Mamá".

Una de mis clientas, a quien llamaré "M", vivía con sus padres y un hermano. Ellos se habían mudado a esa casa hacía

15 años, cuando M estaba en primaria. A ella no solo le encantaba comprar ropa, sino que guardaba la que tenía valor sentimental, como uniformes escolares y camisetas diseñadas para diversos acontecimientos. Guardó todo esto en cajas, las cuales apiló en el suelo hasta que las tablas quedaron totalmente ocultas. Tardó cinco horas en organizar y limpiar. Al final del día, tenía 15 bolsas de objetos para desechar, incluidas ocho bolsas de ropa, 200 libros, diversos animales de peluche y trabajos que había hecho en la escuela. Nosotras nos habíamos esmerado en apilar todas las bolsas junto a la puerta, sobre un suelo que al fin era visible, y yo estaba a punto de explicarle algo muy importante.

–Te contaré un secreto sobre el acto de tirar esta basura –empecé, cuando de pronto la puerta se abrió y entró su madre con una bandeja de té helado. Tuve un mal presentimiento.

La señora dejó la bandeja en una silla.

–Muchas gracias por ayudar a mi hija –dijo, y se dio la vuelta para irse.

En ese momento sus ojos se posaron en los montones que había junto a la puerta.

–¿Vas a tirar eso? –preguntó, señalando un tapete rosa de yoga que había encima del montón.

–No lo he usado en dos años.

–¿De veras? Bueno, quizá yo lo use. –Empezó a hurgar en las bolsas–. Y quizá esto también.

Cuando se fue, no solo se llevó el tapete de yoga, sino también tres faldas, dos blusas, dos chaquetas y algunas hojas de papel para carta.

Cuando la habitación volvió a estar tranquila, bebí mi té helado y le pregunté a M:

–¿Tanto le gusta a tu madre el yoga?

–Nunca la he visto hacerlo.

Lo que había estado a punto de decirle antes de que entrara su madre era: "Nunca dejes que tu familia vea lo que hay aquí. Si es posible, saca las bolsas tú sola. No es necesario que tu familia conozca los detalles de lo que vas a tirar".

Recomiendo de manera especial a mis clientes que eviten ser vistos por sus padres y familiares. No es que haya algo de lo que avergonzarse. Desechar cosas no tiene nada de malo. Sin embargo, a los padres les angustia mucho ver lo que desechan sus hijos. El volumen de las cosas puede hacer que los padres se pregunten ansiosamente si sus hijos podrán sobrevivir con lo que les queda. Además, a pesar de saber que deberían alegrarse por la independencia y la madurez de sus hijos, los padres pueden sentir un gran dolor de ver ropa, juguetes y recuerdos del pasado en el cubo de la basura, sobre todo si son cosas que ellos les regalaron. Mantener la basura fuera de su vista es un acto de consideración. También evita que tu familia adquiera más cosas de las que necesita o puede disfrutar. Hasta ahora, tu familia estaba perfectamente feliz con lo que tenía. Al ver lo que has elegido para desechar, tal vez se sientan culpables por ese desperdicio tan descarado, pero los objetos que rescaten de tu basura solo incrementan la carga de objetos innecesarios en el hogar. Y nosotros deberíamos sentirnos avergonzados por forzarlos a llevar ese peso.

En muchos casos, las madres son quienes rescatan las cosas de sus hijas, aunque rara vez usen la ropa que cogen. Invariablemente, las de cincuenta o sesenta con quienes trabajo acaban por tirar la ropa usada de sus hijas sin habérsela puesto jamás. Creo que deberíamos evitar situaciones como esta, en las que el afecto de una madre por su hija se convierte en una carga. Por supuesto, no hay nada de malo en que otros miembros de tu familia usen cosas que tú no necesitas. Si vives con tu familia, pregúntales: "¿Necesitáis algo que vayáis a comprar?", antes de ponerte a organizar, y luego, si por casualidad te topas con eso que necesitan, regálaselo.

Antes de enfadarte con tu familia, ordena primero tus cosas

"Aunque me ponga a ordenar, el resto de mi familia vuelve a desordenar las cosas".

"Mi marido es un acumulador. ¿Qué puedo hacer para que tire cosas?".

Debe de ser muy molesto que tu familia no coopere con tus intentos por lograr el hogar "ideal". Es algo que he experimentado muchas veces. En cierto momento estaba tan obsesionada por el orden que ya no me bastaba con organizar mi habitación. Tenía que ocuparme de las habitaciones de mis hermanos y todos los demás espacios de mi casa. Sentía una frustración constante porque mi familia era muy desordenada. Algo que me afligía mucho era un gran armario compartido que estaba en el centro de la casa. En mi opinión, más de la mitad estaba destinado a guardar basura inútil e innecesaria. Los percheros estaban repletos de ropa que nunca había visto a mi madre usar y de trajes de mi padre que ya eran obsoletos. Unas cajas con tebeos que eran de mi hermano cubrían la parte de abajo.

Esperaba el momento adecuado y preguntaba siempre: "¿Verdad que ya no usas esto?". Pero la respuesta era:

"Sí lo uso", o "Yo mismo lo tiro", lo cual nunca ocurría. Cada vez que me asomaba al armario, suspiraba y me preguntaba: "¿Por qué todos siguen acumulando cosas? ¿No pueden ver lo mucho que me esfuerzo por mantener la casa en orden?".

Plenamente consciente de que yo era una anomalía cuando de poner orden se trataba, no iba a permitir que me derrotaran. Cuando mi frustración llegó a su límite, decidí adoptar tácticas de sigilo. Identifiqué objetos que no se habían usado en muchos años, basándome en el diseño, la cantidad de polvo que habían acumulado y su olor. Ocultaba esos objetos en el fondo del armario y observaba las reacciones. Si nadie notaba su ausencia, los tiraba, uno por uno, como si estuviera podando plantas. Después de tres meses con esta estrategia, deseché 10 bolsas de basura.

En la mayoría de los casos, nadie lo notó y la vida siguió como de costumbre. Pero cuando el volumen alcanzó cierto grado, mi familia empezó a echar en falta una o dos cosas. Cuando sospechaban de mí, yo respondía con bastante descaro. Mi estrategia básica fue hacerme la tonta.

–Oye, ¿sabes dónde está mi chaqueta?

–No.

Si insistían, mi siguiente paso era la negación.

–Marie, ¿estás segura de que tú no lo tiraste?

–Sí, estoy segura.

–¡Rayos! Entonces me pregunto dónde podrá estar.

Si se daban por vencidos en esta etapa, mi conclusión era que, fuera lo que fuera el objeto, no habría valido la pena conservarlo. Y aunque ya no lograra engañarlos, yo seguía imperturbable.

–Estaba aquí, Marie. Lo vi hace dos meses.

Antes que disculparme por tirar sus cosas sin permiso, les replicaba:

–Lo tiré porque tú no fuiste capaz de hacerlo.

En perspectiva, debo aceptar que fui bastante arrogante. Cuando me descubrieron, me enfrenté a una avalancha de reproches y protestas, y al final me prohibieron que limpiara nada salvo mi habitación. Si pudiera, daría marcha atrás en el tiempo, me daría una buena bofetada y me aseguraría de ni siquiera considerar una campaña tan ridícula. Desechar las cosas de otras personas demuestra una horrible falta de sentido común. Aunque, en general, aquellas tácticas de sigilo tuvieron éxito y nunca echaron de menos los objetos que tiré, el riesgo de perder la confianza de tu familia cuando eres descubierto es demasiado grande. Además, no está bien. Si de verdad quieres ayudar a tu familia a limpiar, hay maneras mucho más fáciles de hacerlo.

Después de que me prohibieron organizar los espacios de otras personas y no tuve dónde mirar, salvo mi habitación, le di un buen vistazo y me impresionó un hecho sorprendente. Había muchas más cosas que tirar de las que había notado (en mi armario había una camisa que nunca había usado junto a una falda pasada de moda que no volvería a ponerme, y en mis repisas, libros que no necesitaba). Escandalizada, me di cuenta de que yo también era culpable del delito que había imputado tan severamente a mi familia. Al no sentirme en posición de criticar a otros, me senté con mis bolsas de basura y me concentré en organizar mi propio espacio.

Después de dos semanas mi familia empezó a experimentar un cambio. Mi hermano, que se había negado por completo a tirar cosas, por mucho que yo me quejara, llevó a cabo una depuración profunda de sus pertenencias. En un día se deshizo de más de 200 libros. Luego mis padres y mi hermana empezaron poco a poco a seleccionar y tirar ropa y accesorios. Al final, toda mi familia fue capaz de conservar la casa mucho más organizada que antes.

Desechar discretamente las cosas que te sobran a ti es la mejor manera de lidiar con una familia desorganizada. Como si te siguieran los pasos, ellos empezarán a deshacerse de pertenencias innecesarias y a organizar sin que tengas que expresar una sola queja. Quizá parezca increíble, pero cuando alguien empieza a organizar, se produce una reacción en cadena.

Organizar discretamente lo propio genera otro cambio interesante: la capacidad de tolerar cierto nivel de desorganización entre los miembros de tu familia. Cuando me quedé satisfecha con mi habitación, dejé de sentir la necesidad de desechar las pertenencias de mis hermanos o padres. Cuando notaba que los espacios comunes como el salón o el baño estaban desordenados, los limpiaba sin pensarlo dos veces y nunca me molesté en mencionarlo. He notado que este mismo cambio también ocurre en muchos de mis clientes.

Si estás enfadado con tu familia por lo desordenados que son, te exhorto a que revises tus propios espacios, sobre todo los de almacenamiento. Es muy probable que encuentres cosas que necesitas tirar. La necesidad de señalar el desorden ajeno suele ser una señal de que estás descuidando el orden de tu propio espacio. Por eso debes empezar por eliminar tus propias cosas. Puedes dejar las zonas comunes para el final. El primer paso es enfrentarte a tus propias cosas.

Lo que tú no necesitas, tampoco
lo necesita tu familia

Mi hermana es tres años menor que yo. Callada y un poco tímida, prefiere quedarse en casa y dibujar o leer en silencio antes que sociabilizar. Sin duda, fue quien más sufrió por mis experimentos sobre organización, pues sin darse cuenta me sirvió como conejillo de Indias. Para cuando yo entré a la universidad, me estaba concentrando en "desechar", pero siempre había cosas de las que me costaba trabajo deshacerme, como una camiseta que me encantaba pero que, de algún modo, no terminaba de convencerme. Incapaz de soltarla, me probé la camiseta frente al espejo varias veces, pero al final me vi forzada a aceptar que no me quedaba bien. Si algo era nuevo o me lo habían regalado mis padres, la idea de tirarlo me llenaba de culpa.

En momentos así mi hermana se volvió muy útil. El método del "regalo para mi hermana" pareció la manera perfecta para deshacerme de muchas cosas. Digo "regalo", pero eso no significa en absoluto que yo le envolviera las cosas y les pusiera un lazo. Con el objeto indeseado en la mano, irrumpía en la habitación de mi hermana mientras ella estaba tumbada en la cama, leyendo tranquilamente. Le quitaba el libro de las manos y le decía: "¿Quieres esta camiseta? Si te gusta, te la regalo". Al ver su cara de desconcierto, yo asestaba el golpe final: "Es nueva y muy bonita. Pero si no la necesitas, tendré que tirarla. ¿Estás de acuerdo con eso?".

Mi pobre y amable hermana no tenía otra opción que decir: "Bueno, creo que debo aceptarla".

Esto ocurrió tan a menudo que mi hermana, que casi nunca iba de compras, tenía el armario a punto de estallar. Aunque sí usó algunas de las prendas que le di, hubo muchas otras que se puso solo una vez. Pero yo seguí dándole "regalos". Después de todo, era ropa buena y yo creía que ella tenía que estar contenta de tener más. Solo me di cuenta de lo equivocada que estaba después de abrir mi consultoría y conocer a una clienta a la que llamaré "K".

Tenía veintitantos años, trabajaba para una empresa de cosméticos y vivía sola. Mientras organizábamos su ropa, empecé a notar algo raro en las elecciones que hacía. A pesar de que ella tenía suficiente ropa como para llenar un armario mediano, la cantidad de prendas que decidió conservar me pareció anormalmente pequeña. Su respuesta a la pregunta "¿Esto me hace feliz?" casi siempre era "No". Después de dar las gracias a cada objeto por sus servicios, yo se lo pasaba para que lo desechara. Noté la mirada de alivio en su rostro cada vez que ponía una prenda en la bolsa. Al examinar la colección más de cerca vi que la ropa con la que decidió quedarse era, en su mayoría, ropa informal, como camisetas, mientras que la que desechó era de un estilo completamente distinto (faldas ajustadas y blusas con escote). Cuando le pregunté por eso, me dijo: "Me lo dio mi hermana mayor". Cuando toda la ropa quedó ordenada y ella hizo su última elección, murmuró: "Mira eso. Estaba rodeada de todas estas cosas que ni siquiera me gustan". Los obsequios de su hermana abarcaban más de un tercio de su armario, pero casi nada de eso le había dado ninguna emoción placentera. Aunque la había usado por ser un regalo de su hermana, nunca le gustó.

Esto me parece trágico. Y no es un caso aislado. En mi trabajo observo que la cantidad de ropa que desechan las hermanas menores es siempre mayor que la que desechan las mayores, fenómeno que seguramente tiene que ver con el hecho de que los hermanos menores suelen estar acostumbrados a la ropa heredada. Hay dos razones por las que las hermanas menores tienden a acumular ropa que ni siquiera les gusta. Una, que es difícil tirar algo que se recibe de la familia. La otra, que en realidad no saben lo que les gusta, lo cual les dificulta decidir si deben desecharlo. Como reciben tanta ropa de otros, no necesitan ir de compras y, por eso, tienen menos oportunidad de desarrollar el instinto de lo que de verdad les inspira alegría.

No me malinterpretes. Darle algo que tú no puedes usar a alguien es una excelente idea. No solo es económica, sino que también puede ser motivo de gran alegría ver que alguien cercano a ti disfruta y valora estas cosas. Pero eso no es lo mismo que presionar a miembros de tu familia para que acepten cosas que tú no eres capaz de desechar. Da igual si la víctima es un hermano, un padre o un hijo, esta costumbre en particular debería prohibirse. Aunque mi hermana nunca se quejó, estoy segura de que tuvo que tener sentimientos encontrados cuando aceptaba mis regalos. Yo tan solo le estaba pasando a ella mi culpa por no ser capaz de desecharlos. Visto en perspectiva, resulta bastante vergonzoso.

Si quieres regalar algo, no presiones a la gente para que lo acepte incondicionalmente ni para hacerla sentir culpable. Averigua antes lo que les gusta, y solo si encuentras algo que cumpla con los requisitos, muéstraselo. También puedes ofrecérselo siempre y cuando te aseguren que se trata de algo por lo cual ellos pagarían. Necesitamos mostrar consideración por los demás y no cargarlos con el peso de poseer más de lo que necesitan o pueden disfrutar.

La organización es un diálogo con uno mismo

"KonMari, ¿quieres venir a ponerte bajo una catarata?".

Recibí esta invitación de una clienta, encantadora mujer que, a sus setenta y cuatro años, era una administradora de empresas muy activa, además de ávida esquiadora y excursionista. Había practicado meditación bajo el agua durante más de una década y parecía disfrutarlo. Solía comentar: "Me voy a la catarata", y lo hacía de una manera tan casual como si se fuera al spa. En consecuencia, el lugar al que me llevó no era un sitio para principiantes o un recorrido sencillo. Tras dejar nuestro equipaje a las seis de la mañana, caminamos por un sendero montañoso, saltamos cercas y cruzamos un caudaloso río donde el agua nos llegaba a las rodillas, hasta que llegamos a la catarata desierta.

Pero no he introducido este tema porque quiera presentar esta peculiar actividad recreativa. Más bien, esta experiencia me hizo descubrir que existe una similitud considerable entre meditar bajo una cascada y organizar. Cuando te pones bajo una catarata, el único sonido audible es el rugido del agua. A medida que la cascada aporrea tu cuerpo, la sensación de dolor pronto desaparece y el aturdimiento se expande. Luego, una tibia sensación te calienta de dentro hacia fuera y entras en un trance de meditación. Aunque nunca había intentado esta forma de meditación, la sensación que generaba me resultaba extremadamente conocida. Se parecía mucho a lo que experimento cuando organizo. Aunque no es exactamente un estado meditativo, hay veces que, cuando estoy limpiando, puedo convivir en silencio conmigo misma. El trabajo de analizar cada objeto que poseo para ver si despierta alegría en mi interior es como conversar conmigo misma a través del médium de mis posesiones.

Por esta razón es esencial crear un espacio tranquilo en el cual evaluar las cosas que hay en tu vida. Lo ideal es que ni siquiera escuches música. Sé de métodos que recomiendan organizar al ritmo de canciones pegadizas, pero no soy partidaria de eso. Siento que ese ruido dificulta oír el diálogo interno entre el dueño y sus posesiones. Por supuesto, ni siquiera consideres encender la televisión. Si necesitas un poco de ruido de fondo para relajarte, entonces elige música ambiental sin letra ni melodías bien definidas. Si quieres añadir energía a tu labor de organización, siente el poder de la atmósfera de tu habitación en lugar de depender de la música.

El mejor momento para empezar es de madrugada. El aire fresco de la mañana mantiene tu mente despejada y tu poder de discernimiento agudo. Por esta razón, la mayoría de mis clases son por la mañana. La clase más temprana que he dado comenzó a las seis y media de la mañana y fuimos capaces de limpiar al doble de la velocidad acostumbrada. La sensación de claridad y frescura que se obtiene tras ponerse bajo una catarata puede volverse adictiva. De manera similar, cuando ordenas tu espacio sentirás la imperiosa necesidad de volver a hacerlo. Y, a diferencia de la meditación bajo la catarata, no tienes que cruzar grandes distancias por terrenos difíciles para llegar. Puedes gozar del mismo efecto en tu propio hogar. Eso es bastante especial, ¿no crees?

Qué hacer cuando no puedes desechar algo

Mi criterio para decidir si conservamos un objeto es que debemos sentir felicidad cuando lo tocamos. Pero está en la naturaleza humana resistirnos a desechar algo aunque sepamos que deberíamos. Los objetos de los que no podemos deshacernos aunque no nos inspiren alegría son un verdadero problema.

El juicio humano puede dividirse en dos tipos generales: intuitivo y racional. Cuando tratamos de seleccionar qué desechar, lo que nos causa problemas es nuestro juicio racional. Aunque sepamos intuitivamente que un objeto no nos atrae, nuestra razón esgrime toda clase de argumentos para no desecharlo, tales como: "Podría necesitarlo después", o "Tirarlo sería desperdiciarlo". Estos pensamientos acuden a nuestra mente una y otra vez, y nos imposibilitan el desapego.

No digo que sea malo dudar. La incapacidad de decidir demuestra cierto grado de apego a un objeto en particular. Tampoco podemos tomar todas las decisiones según la pura intuición. Justo por eso necesitamos analizar cada objeto con cuidado y no dejarnos distraer por el temor de estar desperdiciando algo.

Cuando te topas con algo que es difícil de eliminar, piensa con cuidado por qué quisiste tener ese objeto. ¿Cuándo lo conseguiste y qué significaba para ti en aquel momento? Piensa qué papel desempeña ahora en tu vida. Si, por ejemplo, tienes ropa que nunca usas, examínala prenda por prenda. ¿Dónde compraste esa prenda en particular y por qué? Si la compraste porque te gustó en la tienda, entonces ya cumplió con la función de darte una emoción cuando la compraste. Pero ¿por qué nunca la usaste? ¿Fue porque te diste cuenta de que no te sentaba bien cuando te la probaste en casa? Si es así y si ya no compras ropa de ese mismo estilo o color, entonces ya cumplió con otra función importante: te enseñó lo que no te va bien. De hecho, esa prenda de vestir en particular ya cumplió con su papel en tu vida, y tú eres libre de decir: "Gracias por darme una alegría cuando te compré", o "Gracias por enseñarme lo que no me queda bien", y dejarla ir.

Cada objeto tiene un papel diferente que desempeñar. No toda la ropa llega a ti para que la uses hasta que se convierte en harapos. Lo mismo ocurre con las personas. No cada persona que conozcas en la vida se convertirá en tu amigo íntimo o tu amante. Con algunos te costará trabajo llevarte bien y otros nunca te agradarán. Pero conocer personas te enseña la preciosa lección de que hay quienes *sí* te agradan, de modo que apreciarás aún más a esas personas especiales.

Cuando te topes con algo de lo que no puedas desprenderte, piensa con cuidado sobre su verdadero propósito en tu vida. Te sorprenderá cuántas cosas que posees ya cumplieron su función. Al reconocer su contribución y dejarlas ir con gratitud, serás capaz de poner en verdadero orden las cosas que posees y toda tu vida.

Para apreciar de verdad las cosas que son importantes para ti, primero debes desechar las que han vivido más allá de su propósito. Desechar lo que ya no necesitas no es desperdiciar y tampoco es algo vergonzoso. ¿Puedes decir con sinceridad que atesoras algo que está tan enterrado en el fondo de un armario o un cajón que has olvidado su existencia? Si esas cosas tuvieran sentimientos, seguramente no estarían felices. Libéralas de la prisión en la que las has relegado. Ayúdalas a dejar la isla desierta en la que las has desterrado. Déjalas ir con gratitud. Tus cosas y tú estaréis despejados y frescos cuando hayas terminado de ordenar.

CAPÍTULO TRES

Cómo organizar por categorías

El orden para organizar

Sigue el orden correcto de las categorías

La puerta se abre con un chasquido y una mujer me mira con cierta ansiedad.

–Ho-hola.

Mis clientes casi siempre se muestran un poco tensos la primera vez que visito su casa. Como ya me han visto varias veces, esta tensión no es producto de la timidez sino más bien de la necesidad de prepararse para un gran reto.

"¿En serio crees que es posible poner en orden mi casa? Aquí ni siquiera hay espacio para que pongas los pies".

"No sé cómo podría ordenarla por completo en tan poco tiempo".

"Dijiste que ninguno de tus clientes ha sufrido un rebote. Pero ¿y si yo fuera la primera?".

Su excitación nerviosa es casi palpable, pero yo sé sin lugar a dudas que cada uno de ellos lo logrará. Incluso los que son descuidados o desordenados por naturaleza, incluso quienes descienden de generaciones de desordenados o los que tienen ocupaciones excesivas pueden aprender a limpiar adecuadamente si usan el método KonMari.

Te contaré un secreto. Poner tu casa en orden es divertido. El proceso de evaluar cómo te sientes respecto a las cosas que posees, identificar las que ya han cumplido su propósito, expresarles tu gratitud y despedirte de ellas en realidad tiene que ver con examinar tu yo interior, un rito de paso a una nueva vida. El criterio con que vas a juzgar es tu propio sentido intuitivo de atracción, y por ello no necesitas teorías complejas ni datos numéricos. Todo lo que requieres es seguir el orden correcto. Entonces, ármate con muchas bolsas de basura y prepárate para la diversión.

Empieza con la ropa, continúa con los libros, papeles y objetos varios *(komono)*, y termina con los de valor sentimental. Si reduces tus posesiones en este orden, tu trabajo fluirá con una facilidad sorprendente. Al empezar con las cosas fáciles y dejar las más difíciles para el final podrás afinar poco a poco tus habilidades para tomar decisiones, y así acabará por parecerte sencillo.

En la primera categoría (la ropa), para tener mayor eficiencia te recomiendo dividir las prendas en las siguientes subcategorías:

- Camisas, blusas, suéteres, etcétera
- Pantalones, faldas, etcétera
- Ropa para colgar (chaquetas, abrigos, trajes, etcétera)
- Calcetines
- Ropa interior
- Bolsos de mano y cosas similares
- Accesorios (bufandas, cinturones, sombreros, etcétera)
- Ropa para actividades específicas (trajes de baño, uniformes, etcétera)
- Zapatos

Y, sí, incluyo los bolsos de mano y los zapatos dentro de la ropa.

¿Por qué es el orden óptimo? En realidad, no estoy segura del porqué, pero según la experiencia que he obtenido al dedicar la mitad de mi vida a la organización, puedo decirte con certeza que funciona. Créeme. Si sigues este orden, trabajarás y alcanzarás resultados visibles sorprendentemente rápido. Es más, como solo conservarás las cosas que amas, tu energía y tu alegría aumentarán. Aunque te canses físicamente, te sentirás tan bien por deshacerte de objetos innecesarios que te será difícil dejar de hacerlo.

Sin embargo, lo importante es decidir qué conservar. ¿Qué cosas te darán alegría si las conservas en tu vida? Elígelas como si estuvieras identificando objetos que te fascinan de un escaparate. Cuando entiendas lo básico, pongas toda tu ropa en un montón, cojas con la mano cada prenda y te preguntes si te inspira alegría, tu festival de organización habrá comenzado.

Ropa
Pon en el suelo cada una de tus prendas

El primer paso es revisar cada armario, cómoda y cajón que haya en la casa y juntar toda tu ropa en un solo sitio. No dejes un solo cajón sin abrir. Asegúrate de recolectar hasta tu última prenda de vestir. Cuando mis clientes creen que han terminado, siempre les pregunto: "¿Estás seguro de que en toda la casa ya no queda una sola de tus prendas?". Luego añado: "Puedes olvidarte de cualquier prenda que encuentres después de hacer esto. Irá directa al montón para tirar". Les dejo claro que hablo muy en serio. No pienso dejarlos guardar nada de lo que encuentren después de concluir la organización. Sus respuestas suelen ser: "¡Espera! Creo que queda algo en el armario de mi marido", o "Creo que colgué algo en el recibidor", y luego dan una última vuelta por la casa y añaden algunos objetos más al montón.

Este ultimátum funciona porque cuando mis clientes saben que no van a tener posibilidades de elegir, hurgan en su memoria una vez más porque no quieren perder ropa sin tener la oportunidad de decidir. Aunque rara vez tengo que cumplir mi amenaza, si alguien no recuerda determinada prenda a estas alturas es obvio que no le inspira alegría y, por lo tanto, soy implacable. La única excepción son las prendas que estén en la tintorería.

Cuando se ha juntado toda esa ropa, el montón suele llegar a la altura de la rodilla. En las "camisas" se incluye ropa para cada estación, desde camisetas y camisolas hasta jerséis de punto. La media de prendas en esta primera pila es de 160. Al enfrentarse a su primer obstáculo en el proceso de organización, la mayoría de las personas se quedan asombradas ante el volumen de lo que poseen. Llegado este momento, suelo decir: "Empecemos con la ropa que está fuera de temporada". Tengo una buena razón para elegirla para su primera ronda organizativa. Es la categoría que más fácilmente nos conecta con nuestra intuición sobre la ropa con la que nos sentimos a gusto.

Si mis clientes comienzan con ropa que usan, es probable que piensen cosas como: "Esto no me inspira alegría, pero me lo puse ayer", o "¿Qué hago si me quedo sin ropa que ponerme?". Eso les dificulta tomar una decisión objetiva. Como la ropa de fuera de temporada no tiene una utilidad inmediata, es mucho más fácil determinar si te trae alegría o no. Cuando ordenas ropa que está fuera de temporada te recomiendo hacerte esta pregunta: "¿Quiero volver a ver esta prenda la próxima vez que esté en temporada?". O, para reformularla: "¿Tendría ganas de ponerme esto si la temperatura cambiara de repente?".

Si tu respuesta a "¿Quiero volver a ver esto?" es "Bueno, no necesariamente...", entonces tira la prenda. Y si la usaste mucho durante la última temporada, no olvides expresarle tu gratitud. Quizá temas quedarte sin ropa que usar si sigues este criterio. Pero no te preocupes. Tal vez parezca que has tirado muchísimas cosas, pero si de verdad has decidido conservar la ropa que te da placer, te quedarás con la que necesitas.

Una vez desarrollado el don de elegir lo que te encanta, puedes avanzar con cada subcategoría de ropa de temporada. Recuerda, lo más importante es que te asegures de recolectar cada una de tus prendas de vestir y sostenerla en la mano.

Ropa de estar por casa

El tabú de desechar la ropa en buen estado

Tirar algo que aún es perfectamente utilizable podría parecer un desperdicio, sobre todo si lo compraste tú mismo. En estos casos mis clientes suelen preguntarme si pueden conservar prendas que nunca usarán en la calle para usarlas como ropa de estar por casa. Si les digo que sí, acumularán más y más ropa de estar por casa sin que se reduzca su volumen total.

Dicho lo anterior, debo confesar que una vez yo misma hice eso con la ropa que nunca usaría en la calle. Montones de suéteres, blusas, vestidos que no me quedaban bien o nunca usé. No tardé mucho en acostumbrarme a convertir estas prendas en ropa para estar en casa en lugar de tirarlas. Sin embargo, prácticamente nunca me las puse.

Pronto descubrí que muchos de mis clientes también tenían colecciones olvidadas de "ropa de estar por casa". Cuando les pregunté por qué no la usaban, sus respuestas fueron muy reveladoras: "No me puedo relajar cuando las uso", "Me parece un desperdicio usarlas en casa cuando en realidad son para salir", "No me gustan", etcétera. En otras palabras, estos desechos no son ropa de estar por casa, en absoluto. Llamarlos así solo hace que tardes más en desechar lo que no te hace feliz. Hay tiendas especializadas en este tipo de ropa, y el diseño, los materiales y el corte están pensados para estar cómodos. Obviamente, se trata de un tipo de ropa muy distinto del que usamos para salir. Las camisetas de algodón son quizá el único tipo de ropa común que puede reutilizarse en esta categoría.

No me parece bien conservar ropa que no nos gusta para andar por casa. El tiempo que pasamos en casa es una parte preciosa de la vida. Su valor no debe cambiar porque nadie nos ve. Entonces, a partir de hoy, rompe con el hábito de convertir en ropa para estar en casa las prendas que no te gustan. El verdadero desperdicio está en no desechar esa ropa y usarla aunque te esfuerces por crear el espacio ideal para tu estilo de vida ideal. Justo porque nadie está ahí para verte, tiene mucho más sentido reforzar una autoimagen positiva usando ropa que sí te gusta.

Lo mismo ocurre con los pijamas. Si eres mujer, ponte algo femenino o elegante para dormir. Lo peor que puedes hacer es usar unas mallas desgastadas. He conocido a personas que se visten así todo el tiempo, despiertas o dormidas. Si las mallas son tu atuendo cotidiano, acabarás por ser como ellas, lo cual no resulta muy atractivo. Lo que usas en tu casa tiene un impacto en tu propia imagen.

Cómo guardar la ropa

Dóblala bien y solucionarás tus problemas de espacio

Después del proceso de selección, mis clientes suelen quedarse con solo una tercera o cuarta parte de las prendas que tenían al principio. Cuando la ropa que quieren conservar quede apilada en el suelo, será hora de empezar a guardarla. Pero, antes de ese paso, te contaré una historia.

Una vez tuve una clienta con un problema que no entendí al principio. Aquella ama de casa de cincuenta y tantos años me contó, durante nuestra entrevista inicial, que en su casa no había espacio suficiente para guardar toda su ropa. Sin embargo, los planos mostraban que no solo tenía dos vestidores completos para ella sola, sino que ambos eran bastante más grandes que la media. Aunque esto debía brindar bastante espacio, ella tenía, además, un perchero con tres rieles llenos de ropa.

Asombrada, calculé que debía de tener más de 2.000 prendas en su vestidor. Hasta que visité su casa y lo entendí. Al abrir su vestidor, que abarcaba toda la pared, me quedé boquiabierta. Vi no solo abrigos y faldas, sino también camisetas, suéteres, bolsos e incluso ropa interior, todo colgado impecablemente en perchas.

De inmediato, mi clienta me explicó con todo detalle su colección de perchas para ropa: "Este tipo está hecho especialmente para que no se resbale la ropa tejida. Estas están hechas a mano. Las compré en Alemania". Después de un discurso de cinco minutos, me sonrió y dijo: "La ropa no se arruga si la cuelgas. Y también dura más, ¿no?". Después de hacerle más preguntas, descubrí que ella no doblaba su ropa nunca.

Existen dos métodos para guardar ropa: uno es colgarla en las perchas; el otro, doblarla y guardarla en los cajones. Yo entiendo que a la gente le guste colgar su ropa. Cuesta mucho menos trabajo. Sin embargo, recomiendo que el método principal para guardarla sea doblarla. "Pero es muy engorroso doblar ropa y guardarla en el cajón. Es mucho más fácil colgarla en una percha dentro del armario". Si tú piensas eso, no has descubierto el verdadero impacto de doblar.

El espacio que se ahorra colgando la ropa no puede siquiera compararse con el que se ahorra doblándola. Aunque depende un poco del grosor de la ropa en cuestión, tú puedes guardar de 20 a 40 prendas en el espacio que se requiere para colgar 10. La clienta de la que hablo tenía solo un poco más de ropa que el común de la gente. Si la hubiera doblado, no habría tenido problemas para que cupiera en su vestidor. Al doblarla cuidadosamente, solucionarás casi todos los problemas de almacenamiento.

Pero no es el único efecto de doblar. El verdadero beneficio es coger cada prenda con las manos. A medida que recorres la prenda, derramas energía en ella. La palabra japonesa para "curación" es "*te-ate*", que significa literalmente "poner las manos". La palabra se originó antes del desarrollo de la medicina moderna, cuando la gente creía que poner la mano sobre una herida ayudaba a curarla. Sabemos que el contacto físico suave de un padre, como coger las manos, dar palmaditas en la cabeza y abrazar, tiene un efecto calmante en los niños. De manera similar, el masaje firme pero suave que dan las manos humanas contribuye mucho más a deshacer contracturas musculares que el aporreo de las máquinas de masajes. La energía que transmiten las manos de una persona en nuestra piel parece curar el cuerpo y el alma.

Lo mismo ocurre con la ropa. Creo que, cuando cogemos la ropa con nuestras manos y la doblamos con cuidado, le transmitimos energía, lo cual tiene un efecto positivo en ella. Al doblarla adecuadamente, la cuidamos y borramos sus arrugas, lo cual hace que su material se vuelva más fuerte y vibrante. La ropa bien doblada tiene una resistencia y un brillo que puede observarse de inmediato y distinguirse claramente de la que se ha metido con descuido en un cajón. El acto de doblar implica mucho más que aplastarla para guardarla. Es un acto de cariño, una expresión de amor y aprecio por la manera en que esa ropa contribuye con tu estilo de vida. Por lo tanto, cuando la doblemos, debemos hacerlo de corazón y darle las gracias por proteger nuestro cuerpo.

Además, doblarla después de lavarla y secarla es una oportunidad para observarla con pleno detalle. Por ejemplo, podemos detectar zonas donde la tela está raída o empieza a desgastarse. Doblar es en verdad una forma de diálogo con nuestro armario. Los trajes tradicionales japoneses (el kimono y el yukata) siempre se doblan en rectángulos para que quepan perfectamente en cajones diseñados para sus dimensiones uniformes. No creo que exista otra cultura en el mundo que ajuste de manera tan precisa los espacios de almacenaje a la ropa. Los japoneses entienden muy rápido el placer que produce doblar la ropa, casi como si estuvieran programados genéticamente para esa tarea.

Cómo doblar

La mejor manera de doblar para una apariencia perfecta

La ropa está recién lavada y lista para guardarse, pero aquí mucha gente se bloquea. Doblarla parece un trabajo excesivo, sobre todo porque volverá a usarse muy pronto. Muchas personas no se molestan en hacerlo, y muy pronto tienen un montón de ropa en el suelo. Caen en la rutina diaria de tomar algo del montón para ponérselo mientras la pila crece y crece hasta que, al final, cubre la habitación de esquina a esquina.

Si esto te describe, no te preocupes. Ninguno de mis clientes sabe cómo doblar la ropa adecuadamente cuando empieza a tomar clases conmigo. De hecho, varios de ellos han confesado que nunca la doblan. He abierto armarios tan llenos que la ropa parecía haberse envasado al vacío, y he visto cajones repletos de prendas enrolladas y retorcidas como fideos. Podrías incluso pensar que mis clientes desconocen el significado de la palabra "doblar". Sin embargo, cuando terminan mi curso, todos sin excepción acaban por decirme que doblar es divertido.

Una de mis clientas, una joven veinteañera, detestaba tanto doblarla que su madre lo hacía por ella. Sin embargo, durante el curso llegó a gustarle tanto que incluso enseñó a su madre cómo doblarla correctamente. Cuando domines esta técnica te gustará practicarla todos los días y será una habilidad útil para el resto de tu vida. En verdad, ir por la vida sin saber doblar la ropa es una enorme desventaja.

El primer paso es visualizar cómo se verá el interior de tu cajón cuando termines. La meta debe ser organizar el contenido para que localices de un vistazo dónde está cada objeto, tal como ves el lomo de tus libros en la estantería. La clave es guardar las cosas de manera vertical, no horizontal. Algunas personas imitan los aparadores de las tiendas, pues doblan cada prenda para formar un gran cuadrado y luego ponen una sobre otra. Eso está muy bien para mostrar los artículos de temporada en las tiendas, pero no para lo que nos proponemos hacer en casa, donde nuestra relación con esas prendas es a largo plazo.

Para guardar la ropa verticalmente debemos doblarla haciéndole más pliegues. Algunas personas creen que a más pliegues, más arrugas, pero no es así. Lo que causa las arrugas no es el número de pliegues sino el grado de presión que se aplique. Incluso las prendas poco dobladas se arrugan si se guardan apiladas, pues el peso de la ropa actúa como una prensa. Piensa en la diferencia que hay entre doblar una hoja de papel y doblar cien hojas. Es mucho más difícil lograr un pliegue nítido cuando se dobla una pila de papeles a la vez.

Cuando ya tengas una imagen de cómo se verá el interior de tus cajones, empieza a doblar. El propósito es doblar cada prenda en un rectángulo simple y regular. Primero, cada lado de la prenda hacia el centro y las mangas hacia dentro para formar un rectángulo. No importa cómo dobles las mangas. A continuación, toma un extremo del rectángulo y dóblalo hacia el otro extremo. Luego vuelve a doblar en mitades o tercios. El número de pliegues debe ajustarse para que, cuando la ropa doblada quede vertical sobre el extremo, quepa en la altura del cajón. Este es el principio básico. Si el resultado final tiene la forma correcta pero queda demasiado flojo y blando como para sostenerse verticalmente, es una señal de que tu manera de doblar no se ajusta al tipo de ropa. Cada prenda debe tener su propio "punto óptimo" donde la sientas bien (una forma de doblarse que le vaya bien a esa prenda). Esto varía según el tipo de material y el tamaño de la prenda, por lo que necesitarás ajustar tu método hasta encontrar el que te funcione. No es difícil. Al ajustar la altura de la prenda mientras la doblas para que se sostenga bien, encontrarás ese punto óptimo con una facilidad sorprendente.

Esta acción se vuelve más fácil si doblas los materiales delgados y suaves con mayor firmeza –reduciendo considerablemente su anchura y altura–, y los materiales gruesos y flojos con menor firmeza. En los casos donde un extremo de la prenda es más grueso que el otro, conviene sostener el extremo más delgado con la mano mientras doblas. No hay nada más satisfactorio que encontrar ese "punto óptimo". La prenda de vestir mantiene su forma aunque se sostenga verticalmente y se siente bien cuando la coges con la mano. Es como una revelación –"¡Entonces, es así como siempre quisiste que te doblaran!"–, un momento especial en que tu mente y la prenda de vestir se conectan. Me encanta la forma en que se ilumina el rostro de mis clientes cuando llega ese momento.

Cómo colocar la ropa
El secreto para "dar energía" a tu armario

Te sientes de maravilla cuando abres tu armario y ves lo que amas colgado impecablemente en las perchas. Pero los armarios de mis clientes suelen ser tan caóticos que se requiere valor solo para abrirlos y, una vez abiertos, es imposible encontrar algo ahí.

Hay dos posibles causas de esto. La primera es que, sencillamente, el armario esté muy lleno. Una de mis clientas había metido tanta ropa que tardaba tres minutos en extraer una sola prenda. Las perchas estaban tan juntas que cuando, después de muchos gruñidos y tirones, logró sacar una prenda, la ropa que estaba a cada lado salió volando como el pan en una tostadora. Pude ver por qué no había usado ese armario en varios años. Es un ejemplo extremo, pero es cierto que la mayoría de la gente almacena muchas más cosas de las que necesita. Por esta razón recomiendo doblar cualquier prenda que puedas. Por supuesto, hay mucha ropa que es mejor guardar colgada. Esta incluye abrigos, trajes, chaquetas, faldas y vestidos. Mi regla es: cuelga cualquier prenda que parezca más feliz en una percha, como la que está hecha con materiales suaves que se agitan con la brisa, esos que protestarían si los doblaras. Sin duda, estas prendas debemos colgarlas.

La otra causa de un armario desordenado es la ignorancia. Mucha gente no sabe cómo organizar la ropa en perchas. La regla básica es colgar junta la ropa de la misma categoría, dividiendo el espacio del perchero con una sección para chaquetas, otra para trajes, etcétera. La ropa, al igual que la gente, puede relajarse con más libertad cuando está en compañía de otra que tiene un tipo muy similar y, por eso, organizarla en categorías ayuda a que se sienta más cómoda y segura. Estoy segura de que puedes transformar tu armario si aplicas este principio.

Por supuesto, mucha gente insiste en que aun organizando su ropa por categorías, no pasa mucho tiempo antes de que vuelva a ser un caos. Por eso te mostraré un truco para conservar el orden de los vestidores y armarios que tanto te esfuerzas por organizar. Coloca tu ropa de modo que se "eleve hacia la derecha". Tómate un momento para dibujar una flecha que se eleve hacia la derecha y luego otra que descienda hacia la derecha. Puedes hacer esto en papel o tan solo trazarlo en el aire. ¿Has notado que al dibujar la flecha elevándose hacia la derecha te has sentido más liviano? Las líneas que se inclinan hacia la derecha hacen que la gente se sienta cómoda. Al usar este principio cuando organizas tu armario, haces que su contenido parezca mucho más interesante.

Para hacerlo, cuelga las prendas pesadas del lado izquierdo y las ligeras del lado derecho. Las pesadas incluyen las que son largas, de materiales más pesados y color oscuro. A medida que avanzas al lado derecho del perchero, la longitud de las prendas disminuye, su material adelgaza y su color se aclara. Por categoría, los abrigos estarían en el extremo izquierdo, seguidos de vestidos, chaquetas, pantalones, faldas y blusas. Es el orden básico, pero según tu estilo de ropa variará lo que pueda considerarse "pesado" en cada categoría. Trata de crear un equilibrio que haga parecer que la ropa se eleva hacia la derecha. Además, organízala dentro en cada categoría de pesada a ligera. Cuando estás frente a un armario reorganizado de manera que la ropa se eleva hacia la derecha, sentirás que tu corazón late más rápido y las células de tu cuerpo vibran de energía. Esta energía también se transmitirá a tu ropa. Aunque la puerta esté cerrada, sentirás que la habitación está más fresca. Una vez experimentado esto, nunca perderás el hábito de organizar por categorías.

Algunas personas se preguntarán si poner atención a esos detalles de verdad puede provocar un cambio así. Pero ¿para qué pierdes el tiempo en dudar si incorporar esta magia tan emocionante en todos tus espacios de almacenaje podría mantener tu habitación ordenada? Solo te llevará 10 minutos reorganizar tu armario por categorías, así que confía en mí e inténtalo. Pero no olvides que primero debes depurar tu armario para conservar solo las prendas que amas de verdad.

Cómo guardar calcetines
Trata tus calcetines y medias con respeto

¿Alguna vez has tenido la experiencia de creer que hacías algo bueno y luego te enteras de que has hecho daño a alguien? En aquel momento no te preocupaban los sentimientos de la otra persona. Esto se parece a la manera en que muchos de nosotros tratamos a nuestros calcetines.

Una vez fui a la casa de una clienta que tendría unos cincuenta años. Como siempre, empezamos organizando su ropa. Avanzamos tranquilamente por su vestidor, terminamos de ordenar su ropa interior y nos preparamos para organizar sus calcetines. Pero cuando abrió el cajón respectivo, me quedé impresionada. Estaba lleno de pelotas que rodaban por doquier. Había doblado las puntas de sus calcetines para formar pelotas y las había atado fuerte por el centro. Enmudecí. Cubierta por un impecable delantal blanco, mi clienta me sonrió y dijo: "Así es fácil coger lo que necesito, y también es bastante sencillo de guardar, ¿no crees?". Aunque suelo toparme con esa actitud durante mis clases, nunca deja de asombrarme. Pero permíteme declarar algo aquí y ahora: nunca, jamás ates tus calcetines y medias. Nunca formes pelotas con tus calcetines.

Yo le señalé los calcetines hechos bolas. "Míralos con cuidado. Este debería ser un tiempo de descanso para ellos. ¿Tú crees que pueden descansar así?".

Así es. Los calcetines y las medias guardados en tu cajón básicamente están de vacaciones. Se llevan una paliza brutal durante su trabajo diario, atrapados entre tu pie y tu zapato, resistiendo la presión y la fricción para proteger tus preciosos pies. El tiempo que pasan en tu cajón es su única oportunidad de descansar. Pero si están replegados, hechos pelotas o atados, siempre están en un estado de tensión, con su tela estirada. Ruedan y chocan entre sí cada vez que abren y cierran el cajón. Los calcetines y las medias que tengan la mala suerte de quedar al fondo del cajón suelen permanecer olvidados durante tanto tiempo que sus gomas se estiran de manera irreparable. Cuando el dueño los descubre y se los pone, ya es demasiado tarde y quedan relegados a la basura. ¿Qué trato podría ser peor que este?

Empecemos por cómo doblar las medias. Si las has atado, comienza por deshacer el nudo. Pon una punta encima de la otra y dóblalas longitudinalmente por la mitad. Luego en tercios, y asegúrate de que las puntas queden dentro, no fuera, y de que la goma sobresalga ligeramente en el extremo. Por último, enrolla las medias en dirección a la goma. Si esta queda por fuera cuando termines, lo has hecho bien. Los calcetines, dóblalos de la misma manera. Con materiales más gruesos, como los leotardos, es más fácil enrollarlos si los doblas en dos y no en tres. El caso es que queden firmes y estables cuando hayas terminado, como un rollo de sushi.

Cuando guardes las medias en tu cajón, colócalas de punta para que se vea la espiral. Si las guardas en cajones de plástico, te recomiendo que primero las pongas en una caja de cartón, para que no se resbalen ni desenrollen, y luego guardes la caja en el cajón. Una caja de zapatos tiene el tamaño perfecto para servir como separador de medias. Este método es una solución en la que todos ganan: te permite ver cuántos pares de medias tienes de un solo vistazo, las protege del daño, y las mantiene lisas y sin arrugas para que sean fáciles de poner. Y también hace más felices a tus medias.

Doblar calcetines es aún más fácil. Si ya doblaste las puntas, desdóblalas. Coloca un calcetín sobre otro y sigue las mismas instrucciones que para doblar la ropa. Para los calcetines cortos, que solo cubren el pie, basta con doblarlos dos veces; para los calcetines que llegan al tobillo, tres veces; para los que llegan a la rodilla y más arriba, de cuatro a seis veces. Puedes ajustar el número de pliegues para lograr la altura que quepa mejor en el cajón. Es fácil. Solo procura hacer un rectángulo simple, la clave para doblar. Te sorprenderá qué poco espacio necesitas en comparación con tus días de las "pelotas atadas", y notarás cómo tus calcetines suspiran de alivio al verse desatados.

Cuando veo a estudiantes que usan calcetines altos con la goma suelta, me dan ganas de decirles cómo doblar sus calcetines adecuadamente.

Ropa de temporada
No almacenes la ropa de otras temporadas

En Japón, junio es la temporada de lluvias. También es el mes de la tradición del *koromogae*, cuando la gente se pone su ropa de verano. A esto lo preceden varias semanas en las cuales se lava y se guarda la ropa de invierno, y se saca la ropa de verano. Siempre que se aproxima esta época del año me acuerdo de que yo también solía hacer esto. Sin embargo, desde hace varios años no me he molestado en almacenar la ropa de verano. La costumbre del *koromogae* se originó en China y fue introducida en Japón como una costumbre cortesana durante el periodo Heian (794-1185). Fue a finales del siglo XIX, cuando los trabajadores y los estudiantes empezaron a usar uniforme, cuando esta costumbre se introdujo en las empresas y las escuelas: adoptaban oficialmente el uniforme de verano a principios de junio y el de invierno a principios de octubre. Dicho de otro modo, esta regla solo se aplicaba en el interior de las organizaciones, y no era necesario extenderla a los hogares.

Pero, como cualquier otro japonés, yo también estaba convencida de que tenía que empaquetar y desempaquetar la ropa de temporada dos veces al año: en junio y en octubre. Yo dediqué esos dos meses a vaciar y rellenar el contenido de los armarios y los cajones. Para ser sincera, esta costumbre siempre me pareció engorrosa. Si yo quería usar un vestido guardado en una caja ubicada en la repisa superior del armario, acceder a él resultaba demasiado problemático. En lugar de eso, me conformaba con ponerme otra cosa. Hubo años en los que no lograba desempaquetar mi ropa de verano hasta julio, y de pronto me percataba de que había comprado ropa similar a la que ya tenía. Y, a menudo, tan pronto como sacaba mi ropa de verano, volvía a hacer frío.

La costumbre de empaquetar la ropa de temporada está obsoleta. Con la introducción del aire acondicionado y la calefacción central, nuestros hogares están menos expuestos al clima exterior. Hoy no es raro ver en invierno a personas que usan camisetas dentro de su casa. Ya es hora de abandonar esta costumbre y tener toda nuestra ropa lista para usarla todo el año sin importar la estación.

A mis clientes les encanta este enfoque, sobre todo porque pueden coger en cualquier momento cualquier prenda. Esto no implica ninguna dificultad técnica. Solo necesitas reorganizar tu ropa sabiendo que no vas a guardar la ropa de otras temporadas. El secreto es no clasificarla de más. Cuando la pongas en el cajón, solo divídela en "algodón y similares", y "lana y similares". Evita clasificarla por estación (ropa de verano, invierno, otoño y primavera) o por actividad (ropa de trabajo o de descanso), pues resulta demasiado vago. Si el espacio de mis clientes es limitado, les pido que empaqueten solo unas cuantas prendas pequeñas y específicas de otras temporadas, como los trajes de baño y los gorros de sol típicos del verano, y los guantes y gorros para la temporada invernal. Los abrigos de invierno, al no ser prendas pequeñas, pueden quedarse en el armario aunque no estén en temporada.

Para quienes aún no tienen espacio suficiente, les daré algunos consejos para guardar su ropa de fuera de temporada.

Mucha gente guarda la de otras temporadas en cajas de plástico con tapa. Sin embargo, este es el tipo de recipiente más difícil de usar de manera efectiva. Cuando ya está en el armario, es muy probable que le pongan más cosas encima, y sacar la caja para abrirla se vuelve un trabajo demasiado complicado. A fin de cuentas, es muy fácil olvidar incluso que la caja está ahí hasta que la temporada ya casi ha terminado. Si piensas comprar próximamente algo para guardar, te recomiendo que consigas una cómoda. Evita enterrar tu ropa en el armario, aunque esté fuera de temporada. Las prendas que han permanecido ocultas durante medio año lucen marchitas, como si las hubieran reprimido. En cambio, permite que les dé un poco de aire y luz de vez en cuando. Abre el cajón y recorre las prendas con tus manos. Hazles saber que te preocupas y estás ansioso por usarlas cuando vuelvan a estar en temporada. Este tipo de "comunicación" ayuda a que tu ropa se mantenga vibrante y mantiene viva tu relación con ella durante más tiempo.

Cómo guardar los libros
Pon todos tus libros en el suelo

Cuando ya has terminado de organizar y guardar tu ropa, llega la hora de ocuparte de tus libros. Los libros son de las cosas que a la gente le cuesta más trabajo desechar. Muchas personas dicen que no se pueden desprender de ellos, aunque no necesariamente sean ávidos lectores, pero el verdadero problema es de qué manera se desprenden de ellos.

Una de mis clientas, una treintañera que trabajaba para una firma extranjera de consultoría, amaba los libros. No solo había leído todos los de actualidad sobre negocios, sino también una amplia variedad de novelas y libros ilustrados. Por supuesto, su habitación estaba llena de ellos. No solo tenía tres grandes estanterías de suelo a techo llenas de libros, sino tambièn veinte torres que llegaban a la cintura, hechas de libros amontonados precariamente en el suelo. Cuando atravesé su habitación, tuve que hacerme a un lado y retorcerme para no chocar con ellas.

Le dije lo que digo a todos mis clientes:

–Por favor, empieza por retirar todos los libros de las estanterías y ponlos en el suelo.

Ella me miró con ojos desorbitados:

–¿Todos? Son demasiados.

–Sí, lo sé. Todos, por favor.

–Pero... –Dudó un momento, como si buscara las palabras antes de continuar–. ¿No sería más fácil elegirlos directamente de la estantería, donde se pueden ver los títulos?

En las estanterías, los libros suelen estar dispuestos en hileras para que los títulos se vean con claridad y parecería tener más sentido seleccionar los que no quieres cuando puedes verlos. Y eso no es todo, los libros pesan. Cogerlos de la estantería para luego volverlos a poner parece un desperdicio de esfuerzo... Aun así, no omitas este paso. Quita todos los libros de las estantería. No podrás decidir si un libro en verdad te atrapa si está en la balda. Al igual que la ropa y cualquier otra pertenencia, los libros olvidados durante mucho tiempo están como dormidos. O quizá debería decir que se vuelven "invisibles". Aunque están a la vista, pasan inadvertidos, como un saltamontes que permanece quieto en el césped, mimetizado con sus alrededores.

Si te preguntas "¿Esto me hace feliz?" mientras ves las cosas en estantes o cajones, la pregunta no significa mucho para ti. Para decidir si quieres conservar o desechar algo debes sacar las cosas de su hibernación. Incluso las torres de libros en el suelo son más fáciles de evaluar si las cambias de sitio o las vuelves a apilar. Al igual que la sacudida suave que usamos para despertar a alguien, podemos estimular nuestras pertenencias si las movemos físicamente, las exponemos al aire fresco y las volvemos "conscientes".

Mientras ayudo a mis clientes a organizar su casa u oficina, me coloco frente al montón de libros apilado en el suelo y acaricio sus tapas. Aunque al principio mis clientes me miran con extrañeza, se quedan sorprendidos por la rapidez y precisión con que son capaces de elegir después de esto. Pueden ver exactamente lo que necesitan y lo que no. Es mucho más difícil elegir libros cuando están en la estantería, lo cual significa repetir el proceso. Si mis clientes tienen demasiados libros para ponerlos todos en el suelo, les pido que los dividan en cuatro grandes categorías:

- Generales (libros que lees por gusto)
- Prácticos (libros de consulta, recetarios, etcétera)
- Visuales (colecciones fotográficas, etcétera)
- Revistas

Una vez apilados, cógelos con la mano y decide si quieres conservar o desechar cada uno. Por supuesto, el criterio es si te hace sentir placer o no cuando lo tocas. Recuerda que he dicho, "cuando lo *tocas*". Asegúrate de no empezar a leerlo. Leer te nubla el juicio pues, en vez de preguntarte lo que sientes, empezarás a preguntarte si necesitas ese libro o no. Imagina cómo sería tener una estantería llena solo de libros que te encantan. ¿Acaso no es una imagen fascinante? ¿Qué mayor felicidad puede haber para alguien que ama los libros?

Libros no leídos

"Algún día" significa "nunca"

Las razones más comunes para no deshacerse de un libro son "Tal vez sí lo lea" o "Quizá tenga ganas de volver a leerlo". Tómate un momento para contar los libros que has leído más de una vez. ¿Cuántos son? Para algunos, apenas llegarán a cinco, y en el caso de algunos lectores excepcionales, quizá alcancen los cien. Sin embargo, la gente que relee tanto suele pertenecer a profesiones específicas, como académicos y escritores. Muy rara vez hallarás a gente tan común y corriente como yo misma que lea tantos libros. Aceptémoslo. Al fin y al cabo, releerás muy pocos de tus libros. Al igual que con la ropa, necesitamos detenernos y pensar en el propósito que tienen estos libros.

Los libros son, en esencia, papel (hojas de papel impresas con letras y atadas). Su verdadero propósito es ser leídos, transmitir información a sus lectores. La información que contienen es lo que tiene significado. No tienen significado propio solo por estar en la estantería. Tú lees libros por la experiencia de hacerlo. Los ya leídos los experimentaste y su contenido ya está dentro de ti, aun cuando no lo recuerdes. Entonces, cuando decidas qué libros conservar, olvida si crees que volverás a leerlos o si ya dominas su contenido. Mejor coge cada libro con la mano y decide si lo quieres o no. Conserva solo los libros que te harán feliz con solo verlos en la estantería, esos que amas de verdad. Eso también incluye este libro. Si no siento ninguna alegría cuando lo sostengo en la mano, mejor lo desecho.

¿Qué hay de los libros que empezaste a leer pero aún no has terminado? ¿O de los libros que aún no has empezado a leer? ¿Qué hacer con libros como este, los cuales tienes la intención de leer en algún momento? Internet ha facilitado la compra de libros, pero como consecuencia me parece que la gente tiene muchos más sin leer que antes. No es raro que la gente compre un libro y al poco tiempo, antes de haberlo leído, compre otro. Los libros no leídos se acumulan. El problema con los libros que tenemos la intención de leer en algún momento es que son mucho más difíciles de desechar que los ya leídos.

Recuerdo una ocasión en que le daba una clase al presidente de una compañía sobre cómo limpiar su oficina. Sus estanterías estaban llenas de títulos complicados, de esos que esperarías que leyera un ejecutivo –por ejemplo, de autores como Drucker y Carnegie–, así como de los últimos *best sellers*. Era como entrar en una librería. Al ver su colección, sentí que me hundía. Por supuesto, cuando empezó a seleccionarlos, puso uno sobre otro en su montón "para conservar" y dijo que aún no los había leído. Al terminar tenía 50 volúmenes y apenas había hecho mella en la colección original. Cuando le pregunté por qué los conservaba, me dio la respuesta más clásica de mi lista de respuestas más probables: "Porque tal vez quiera leerlos algún día". Por experiencia propia, temo decirte que ese "algún día" nunca llega.

Si perdiste tu oportunidad de leer un libro en particular, aun cuando te lo hayan recomendado o sea de los que trataste de leer durante años, entonces es la ocasión para dejarlo ir. Tal vez quisiste leerlo cuando lo compraste, pero si no lo has leído, entonces su propósito era enseñarte que no lo necesitabas. No hay necesidad de leer completos los libros que se han dejado a la mitad. Su propósito era que se leyera solo la mitad. Mejor deshazte de todos esos no leídos. Te hará más bien leer ahora ese libro que en verdad te atrapa que el que dejaste acumulando polvo durante años.

Las personas que tienen grandes colecciones de libros casi siempre son muy estudiosas. Por eso no es raro ver muchos libros de consulta y guías de estudio en las estanterías de mis clientes. Los manuales y guías para obtener algún título suelen ser increíblemente diversos, y abarcan desde la contabilidad, la filosofía y la informática hasta la aromaterapia y la pintura. A veces me asombra el tipo de disciplinas que les interesan a mis clientes. Muchos de ellos conservan sus viejos libros de texto de su época de estudiante y los cuadernos de caligrafía.

Si tú, como muchos de mis clientes, tienes libros que pertenecen a esta categoría, te exhorto a que dejes de insistir en que volverás a usarlos algún día y te deshagas de ellos hoy mismo. ¿Por qué? Pues porque las probabilidades de que algún día los leas son muy bajas. De todos mis clientes, menos del 15 por ciento dan uso a esos libros. Cuando explican por qué se aferran a ellos, todas sus respuestas tienen que ver con lo que pretenden hacer "algún día". "Me gustaría estudiar esto algún día", "Lo estudiaré cuando tenga un poco más de tiempo", "Pensé que me sería útil para dominar el inglés", "Quería estudiar contabilidad porque soy un directivo". Si aún no has hecho lo que tenías la intención de hacer, deshazte de ese libro. Solo desechándolo serás capaz de comprobar cuánto te apasiona ese tema. Si tus sentimientos no cambian después de desecharlo, entonces estás bien así. Si, después de haberlo tirado, deseas el libro con tal desesperación que estarías dispuesto a comprar otro ejemplar, entonces cómpralo (pero ahora sí, léelo y estúdialo).

Qué libros conservar
Los que estén en tu Salón de la fama

En la actualidad procuro no tener más de 30 volúmenes a la vez, pero antes me costaba mucho trabajo deshacerme de los libros porque me encantan. La primera vez que depuré mi biblioteca usando el criterio de qué libros me hacían feliz y cuáles no dejé 100 volúmenes en mi estantería. Aunque esto no es excesivo en comparación con la media, sentí que aún podía reducirla un poco más. Un día decidí mirar más de cerca qué tenía. Empecé con los que consideraba un tabú desechar. En mi caso, el primero de la lista fue *Alicia en el País de las Maravillas*, el cual he leído repetidamente desde primaria. Libros como este, que se encuentran en mi propio Salón de la fama de los libros, son fáciles de identificar. A continuación, revisé los libros que me inspiraban placer pero no estaban en mi Salón de la fama. Con el paso del tiempo los volúmenes de esta categoría cambian de manera natural, pero son los libros que definitivamente quiero conservar por ahora. En aquel momento, uno de esos libros era *The Art of Discarding*, el cual me abrió los ojos al arte de la organización, pero ya no lo tengo. Es bueno conservar los libros que producen tal grado de placer.

Los más difíciles son los que te dan placer moderado (esos que tienen palabras y frases que te conmovieron y que tal vez quieras volver a leer). Son los más difíciles de desechar. Aunque no me sentí presionada para deshacerme de ellos, no puedo pasar por alto el hecho de que solo me dieron placer moderado. Entonces empecé a buscar una manera para dejarlos ir sin remordimientos y di con lo que llamé el "método de reducción del volumen". Al percatarme de que lo que en realidad quería conservar no era el libro sino determinada información o palabras específicas, decidí que si conservaba solo lo que necesitaba, sería capaz de desechar el resto.

Mi idea fue copiar en un cuaderno los fragmentos que me inspiraban. Pensé que, con el tiempo, esto se convertiría en una colección personal de pensamientos favoritos. Iba a ser divertido leerlo en el futuro y trazar el rumbo por el que me habían llevado mis intereses. Muy emocionada, saqué un cuaderno y emprendí mi proyecto. Empecé por subrayar las frases que quería copiar. Luego anoté el título en mi cuaderno y empecé a transcribir. Sin embargo, una vez que comencé, me di cuenta de que este proceso iba a costarme mucho trabajo. Transcribir es algo que lleva su tiempo, y si quería leer esas palabras en el futuro, tenía que escribirlas con una letra impecable. Para copiar diez citas de un solo libro iba necesitar al menos media hora, y era un cálculo optimista. La sola idea de hacer eso con 40 libros me dejó aturdida.

Mi siguiente plan fue usar una fotocopiadora. Copiaría las secciones que quería conservar para cortarlas y pegarlas en mi cuaderno. Pensé que esto sería mucho más rápido y fácil. Pero cuando lo intenté, resultó aún más laborioso. Al final, decidí arrancar del libro las páginas relevantes. Pegarlas en un cuaderno también fue engorroso, así que simplifiqué el proceso poniéndolas en un fichero. Esto solo me llevó cinco minutos por libro, y logré deshacerme de 40 libros y conservar las palabras que me gustaban. Quedé extremadamente complacida con los resultados. Dos años después de haber creado este "método de reducción del volumen" tuve una revelación. No había vuelto a ver el fichero. Todo ese esfuerzo solo había servido para aliviar mi conciencia.

Hace poco empecé a notar que tener menos libros en verdad incrementa el impacto de la información que leo. Reconozco la información necesaria con mucha más facilidad. Muchos de mis clientes, particularmente los que han tirado un número considerable de libros y papeles, son de la misma opinión. Los libros tienen su momento. El instante en que te topas con uno en particular es el correcto para leerlo. Para no perderte ese momento, te recomiendo que tu colección sea pequeña.

Cómo ordenar los papeles

La regla de oro es "desecha todos"

Cuando ya has terminado de organizar tus libros, llega la hora de ocuparte de tus papeles. Por ejemplo, los sobres que inundan el porta cartas de la pared; los avisos escolares pegados en el frigorífico; la invitación a una reunión escolar olvidada junto al teléfono; los periódicos que se han acumulado en la mesa durante los últimos días. Hay varios sitios en tu casa donde los papeles tienden a acumularse como montículos de nieve.

Aunque es creencia común que en una casa hay muchos menos papeles que en una oficina, esto no es cierto. La cantidad mínima de desechos de papel que suelen tirar mis clientes es de dos bolsas de basura de 45 kilos. El máximo hasta ahora es de 15 bolsas. He oído muchas veces a mis clientes decir que se les atasca su trituradora de papel. Una cantidad tan grande de papel es extremadamente difícil de manejar y, sin embargo, he conocido a clientes asombrosos cuyas habilidades para archivar me han dejado anonadada. Cuando les pregunto: "¿Cómo estás organizando tus papeles?", sus explicaciones son extremadamente detalladas.

"Los papeles relativos a los niños van en esta carpeta. Aquella otra es mi archivo de recetas. Los recortes de revistas van aquí y los manuales para mis aparatos eléctricos en esta caja...". Han clasificado sus papeles con tal detalle que a veces mi mente divaga a la mitad de su explicación. Lo confieso. ¡Detesto archivar papeles! Nunca uso carpetas múltiples ni rotulo etiquetas. Este sistema quizá funcione mejor en una oficina, donde muchas personas usan los mismos documentos, pero no hay ninguna necesidad de usar en casa un sistema de archivo tan detallado.

Mi principio básico para ordenar papeles es tirarlos todos. Mis clientes se quedan asombrados cuando digo esto, pero no hay nada más molesto que los papeles. Después de todo, nunca te inspirarán alegría, no importa con cuánto cuidado los guardes. Por esta razón, te recomiendo tirar cualquier cosa que no pertenezca a una de estas tres categorías: actualmente en uso; requeridos por un periodo limitado, y para conservarlos indefinidamente.

Por cierto, la palabra "papeles" no incluye papeles con valor sentimental como las viejas cartas de amor o los diarios. Ordenar estos papeles reducirá drásticamente tu ritmo de trabajo. Al principio, limítate a ordenar papeles que no te emocionan en absoluto y termina el trabajo de un tirón. Puedes dejar las cartas de amigos y amores para cuando te ocupes de los artículos sentimentales.

Cuando ya te has encargado de los papeles que no evocan placer alguno, ¿qué hacer con los que has decidido conservar? Mi método de archivo es extremadamente sencillo. Los divido en dos categorías: papeles que deben guardarse y papeles de los que hay que encargarse. Aunque tengo la política de tirar todos los papeles, son las únicas categorías que hago para los que no pueden desecharse. Las cartas que requieren una respuesta, los impresos que tienen que rellenarse, un periódico que tengo la intención de leer (haz un espacio especial para papeles como este, de los que hay que encargarse). Asegúrate de conservar todos esos papeles en un solo sitio. Nunca los dejes dispersos en otras partes de la casa. Te recomiendo usar una papelera vertical, en la cual puedes almacenar los papeles y asignarle un lugar específico. Todos los papeles que requieren atención pueden colocarse aquí sin separarlos.

En cuanto a los papeles que deben guardarse, yo los subdivido según la frecuencia de uso. Insisto, la manera en que los divido no es complicada. Los organizo en papeles de uso ocasional y papeles de uso frecuente. Los de uso ocasional incluyen pólizas de seguros, garantías y contratos de arrendamiento. Por desgracia, es necesario conservarlos, no importa que no inspiren alegría en tu corazón. Como casi nunca necesitarás tener acceso a los papeles de esta categoría, no tienes que esforzarte mucho para guardarlos. Te recomiendo ponerlos todos en una carpeta de plástico transparente sin preocuparte por clasificarlos más.

La otra subcategoría consiste en papeles que sacarás y usarás de manera más frecuente, como los apuntes de clase o los recortes de periódico. Estos carecen de significado a menos que los guardes de una manera en que resulten de fácil acceso y lectura, razón por la cual recomiendo guardarlos en subcarpetas de plástico transparente. Esta categoría es la más engañosa de todas. Aunque estos papeles no son necesarios en realidad, tienden a multiplicarse. Reducir el volumen de esta categoría es la clave para organizar tus papeles.

Los papeles se organizan solo en tres categorías: los que necesitan atención; los que deben guardarse (documentos contractuales) y los que no deben guardarse (otros). El caso es mantener todos los papeles de una categoría en la misma carpeta y abstenerse de subdividirlos más por contenido. En otras palabras, solo necesitas tres carpetas. No olvides que la caja de papeles que "requieren atención" debería estar vacía. Si hay papeles en ella, esto significa que tienes cosas pendientes en tu vida, las cuales necesitas atender. Aunque nunca he logrado vaciar por completo mi caja de "requieren atención", es una meta a la cual debemos aspirar.

Todo acerca de los papeles
Cómo organizar tus papeles problemáticos

Mi política básica es desechar todos los papeles, pero siempre te toparás con algunos que son difíciles de desechar. Consideremos aquí cómo nos encargaremos de ellos.

Materiales
de estudio

Es muy probable que las personas a quienes les gusta estudiar asistan a seminarios o cursos sobre diversos temas como aromaterapia, pensamiento lógico o mercadotecnia. Últimamente se ha puesto de moda en Japón hacer seminarios de madrugada. Los contenidos y la duración se están ampliando, lo cual ofrece a la gente muchas opciones. Para los participantes los materiales que produce el diligente conferenciante son casi como medallas de honor, y como tales, son difíciles de desechar. Pero cuando visito las casas de estos ávidos aprendices descubro que dichos materiales ocupan mucho espacio y vuelven agobiantes las habitaciones.

Una de mis clientas era una mujer de treinta y tantos años que trabajaba para una empresa de publicidad. Cuando entré en su habitación sentí como si estuviera en una oficina. Hileras e hileras de archivos con títulos muy bien impresos asaltaban mis ojos. "Estos son todos los materiales de los seminarios que he hecho", me dijo. Fanática confesa de los seminarios, ella había conservado y archivado los materiales de cada seminario al que asistió.

La gente suele decir: "Quisiera reestudiar estos materiales algún día", pero la mayoría nunca lo hace. Es más, suelen tener materiales de diversos seminarios sobre temas idénticos o similares. ¿Por qué? Pues porque no recuerdan lo que aprendieron. No digo esto a modo de crítica, sino solo para señalar por qué no vale la pena conservar los materiales de seminarios ya pasados. Si el contenido no se pone en práctica, esos cursos no significan nada. El valor de hacer un curso empieza en el momento en que asistimos, y la clave para extraer todo su valor es poner en práctica lo que aprendemos tan pronto como termina el curso. ¿Por qué la gente paga cuotas tan caras por esos cursos cuando podrían leer el mismo contenido en un libro u otra parte? Porque quieren sentir la pasión del maestro y experimentar ese entorno de aprendizaje. Por eso, el verdadero material es el propio seminario y debe experimentarse de manera directa.

Cuando asistas a un curso, hazlo con la determinación de tirar todas las fotocopias que te entreguen. Si te arrepientes, vuelve a hacer el seminario, pero esta vez aplica lo aprendido. Resulta paradójico, pero creo que no ponemos en práctica lo que aprendemos justo porque nos aferramos a estos materiales. La mayor colección de materiales de seminario con que me he topado hasta ahora es de 190 archivos. Sobra decir que le pedí al cliente que desechara absolutamente todos.

Extractos de la tarjeta de crédito

Otra cosa a desechar son todos los extractos de tu tarjeta de crédito. ¿Cuál es su propósito? Para la mayoría de la gente tan solo es un medio para revisar cuánto dinero ha gastado durante un mes en particular. Entonces, una vez que hayas revisado el contenido para confirmar que es correcto y hayas registrado la cantidad en tu libro de contabilidad doméstico, el extracto habrá cumplido con su propósito y deberías tirarlo. Créeme. No tienes por qué sentirte culpable.

¿Se te ocurre algún otro momento en que de verdad necesites los extractos de tus tarjetas de crédito? ¿Crees que los vas a necesitar para probar ante alguien cuánto has sacado? Eso no va a ocurrir, así que no necesitas atesorar esos extractos durante el resto de tu vida. Lo mismo ocurre con las notificaciones de movimientos de tu cuenta para pagar cuotas domiciliadas. Ten determinación y aprovecha esta oportunidad para deshacerte de ellas.

De todos mis clientes, a los que les costó más trabajo deshacerse de sus papeles fue a un matrimonio de abogados. Ellos no dejaban de decir: "¿Qué ocurre si este documento es requerido por alguien?". Al principio avanzaron muy poco, pero al final, incluso ellos fueron capaces de desechar casi todos sus papeles sin experimentar problema alguno.

Garantías
de aparatos eléctricos

Ya sea una televisión o una cámara digital, todos los aparatos eléctricos vienen con una garantía. Es la categoría de documentos más común en cualquier hogar, aunque casi nadie las archiva ni guarda adecuadamente. Sin embargo, el método para organizarlas suele ser más o menos correcto.

En general, la gente guarda sus garantías en carpetas transparentes o de acordeón. Lo atractivo de estas carpetas es que pueden almacenar documentos en compartimientos separados. Pero justo en eso radica su desventaja. Como están tan bien divididas, es fácil pasar cosas por alto. Mucha gente no solo guarda la garantía, sino el manual de instrucciones en el mismo archivo. Empecemos por tirar esos manuales. Échales un vistazo. ¿Alguna vez los has usado? En general, hay pocos manuales que de veras necesitamos leer, como el de nuestro ordenador o nuestra cámara digital, y son tan gruesos que no cabrían en ningún archivador. Entonces, en principio, cualquier manual que hayas guardado en tu carpeta de garantías puede ser desechado sin que provoque dificultades.

Hasta ahora, todos mis clientes han desechado la mayoría de sus manuales, incluidos los de su ordenador y su cámara, y ninguno ha tenido ningún problema. Si lo tuvieran, podrían solucionarlo fácilmente explorando su máquina y, si no pudieran solos, pueden hallar soluciones para casi cualquier cosa en Internet o el lugar de compra. Por lo tanto, te aseguro que puedes tirarlos sin pensarlo.

Volvamos a las garantías. El método de archivo que recomiendo es ponerlas todas en una carpeta transparente, sin separarlas en categorías. Las garantías solo se usan una vez al año, si acaso. ¿Qué sentido tiene clasificarlas y dividirlas con cuidado cuando las probabilidades de que las necesites son tan bajas? Además, si ya las has archivado en una carpeta, entonces tendrás que recorrer las páginas para hallar la garantía correcta. En este caso, es igual de fácil guardarlas todas en una carpeta transparente, sacar todo el montón y buscarla ahí.

Si las clasificas con demasiado detalle, tendrás menos oportunidades de mirar cada garantía. Antes de que te des cuenta, la garantía habrá caducado. Si de todos modos tienes que escudriñar todas cuando solo necesitas una, esa será una excelente oportunidad para revisar la fecha de caducidad de las otras garantías. De este modo, no tendrás que tomarte la molestia de revisarlas solo para saber las fechas de caducidad, y seguro que ni siquiera tendrás que comprar carpetas transparentes para guardar las garantías, porque suele haberlas en todas las casas. Y, por si fuera poco, este método ocupa solo una décima parte del espacio que ocupan los métodos convencionales.

Tarjetas de felicitación

En Japón tenemos la costumbre de enviar tarjetas de Año Nuevo (muchas de ellas tienen números de lotería en la parte de abajo). Esto significa que cada tarjeta cumple con su propósito tan pronto como el destinatario termina de leerla. Cuando ya has comprobado si los números de tu tarjeta ganaron algo en la lotería, puedes tirar las tarjetas con gratitud por transmitirte la consideración del remitente. Si conservas las tarjetas para confirmar la dirección del remitente para el año siguiente, entonces solo guárdala durante un año. Tira todas las que lleven dos o más años guardadas, salvo aquellas que inspiren alegría en tu corazón.

Talonarios usados

Los talonarios usados son solo eso: talonarios usados. No vas a volver a verlos, y aunque lo hicieras, eso no incrementará la cantidad de dinero en el banco, así que, en serio, deshazte de ellos.

Comprobantes
de nómina

El propósito de tu comprobante de nómina es informarte de cuánto te pagaron este mes. Una vez revisado el contenido, pierde su utilidad.

Komono (Artículos varios 1)
Conserva las cosas porque te gustan (no solo "porque sí")

Abro un cajón en la casa de un cliente y descubro una pequeña caja que espera ser abierta cual libro seductor que promete alguna historia fascinante. Pero, para mí, no hay ninguna emoción. Sé exactamente lo que voy a encontrar: monedas, horquillas para el pelo, gomas, botones sueltos, partes de relojes, pilas usadas, medicamentos sobrantes, amuletos y llaveros. Y la lista sigue. Ya sé cuál será la respuesta del cliente si le pregunto por qué tiene esas cosas en la caja: "Porque sí".

En las casas, a muchos objetos se les trata de la misma manera. Los guardamos y acumulamos "porque sí", sin pensar mucho en ellos. A esta categoría de objetos yo la llamo *komono*, palabra japonesa a la que el diccionario define como "artículos pequeños; objetos varios; accesorios; aparatos o herramientas pequeñas; partes o añadidos; persona insignificante; nimiedad". No sorprende que la gente no sepa qué hacer con las cosas que pertenecen a esa categoría tan vaga. Aun así, es hora de despedirse de la actitud del "porque sí". Estos objetos desempeñan un papel importante en facilitar tu estilo de vida, y por lo tanto merecen ser observados uno por uno y ordenados adecuadamente.

A diferencia de la ropa o los libros, esta categoría incluye una gama muy diversa de artículos, y la sola idea de dividirlos y organizarlos parece abrumadora. Sin embargo, si los abordas en el orden correcto, esta tarea se vuelve bastante sencilla. El orden básico para organizar los *komono* es el siguiente:

- CD y DVD
- Productos para el cuidado de la piel
- Maquillaje
- Accesorios
- Objetos de valor (pasaportes, tarjetas de crédito, etcétera)
- Aparatos eléctricos y electrónicos (cámaras digitales, cables de corriente, cualquier cosa que parezca vagamente "eléctrica")
- Artículos para el hogar (materiales de papelería y escritura, juegos de costura, etcétera)
- Provisiones domésticas (artículos perecederos como medicamentos, detergentes, pañuelos, etcétera)
- Artículos de cocina/alimentos
- Otros
- (Si tienes muchos artículos relacionados con un interés o afición en particular, como un equipo para esquiar, entonces trátalos como una sola subcategoría).

Recomiendo este orden en particular porque es más fácil si empiezas con objetos más personales y contenidos bien definidos. Si vives solo, no necesitas preocuparte por el orden, siempre y cuando te ocupes de una subcategoría a la vez. Además, mucha gente vive rodeada de cosas que no necesita, solo "porque sí". Te exhorto a que te deshagas de tus *komono* y conserves únicamente aquellos que te den alegría. Solo esos.

El dinero suelto
"Las monedas, al monedero"

¿Tienes mucho cambio disperso por toda tu casa (monedas sueltas en el fondo de tu bolso, calderilla en lo más profundo del cajón o sobre la mesa)? Siempre encuentro monedas cuando ayudo a mis clientes a poner su casa en orden. Las monedas, reinas de la categoría *komono*, pueden hallarse en la entrada, la cocina, el salón, el baño, encima de los muebles y dentro de los cajones. A pesar de que las monedas son dinero, se las trata con mucho menos respeto que a los billetes. Parece extraño que las dejen tiradas por toda la casa, donde no sirven para nada.

Siempre que mis clientes se topan con dinero suelto cuando ponen en orden su casa, me aseguro de que vaya directo a su monedero o cartera (nunca a una hucha). A diferencia de otras categorías, no necesitas recolectar monedas en cada parte de la casa. Solo mételas en tu cartera cada vez que encuentres una. Si las pones en una hucha, solo cambiarás el lugar donde van a ser ignoradas. La gente que ha vivido en la misma casa durante mucho tiempo es particularmente propensa a olvidar su pequeña provisión de monedas. Francamente, las personas que yo conozco que ahorran monedas sin un propósito claro nunca las usan. Si ahorras monedas con la vaga idea de que sería bueno ver cuántas puedes acumular, entonces es hora de llevarlas al banco. Cuanto más esperes, más pesará tu montón y más engorroso será llevarlo al banco.

También he notado que, por alguna razón incomprensible, muchos de mis clientes empiezan a ahorrar monedas en bolsas cuando su hucha está llena. Muchos años después se topan con una bolsa llena de monedas en el fondo del armario. Para entonces, ya tienen un penetrante olor a óxido y moho, están decoloradas y hacen un tintineo sordo, como si estuvieran pegadas. A esas alturas, mis clientes preferirían ignorar la existencia de la bolsa. Describir esto es bastante difícil, pero ver estas monedas desposeídas de su dignidad de dinero es desgarrador. Yo te suplico que rescates estas monedas olvidadas para que no se echen a perder en tu casa adoptando el lema de "las monedas, al monedero".

Dicho sea de paso, la manera en que las mujeres y los hombres tratan el dinero suelto tiene diferencias notables. Los hombres tienden a guardarse las monedas en el bolsillo o dejarlas a la vista en la cómoda o la mesa. Por su parte, las mujeres tienden a ponerlas en una caja o bolsa para luego meterla en un cajón. Es como si el instinto masculino de estar listo para la acción en respuesta al peligro y el femenino de proteger el hogar se manifestaran en cómo tratan el dinero. Esta idea hace que me detenga y me pregunte por el misterio de la vida y el ADN mientras dedico otro año a compartir la magia de la organización.

Komono (Artículos varios 2)
Desechables (cosas que has guardado "solo porque sí")

Nosotros podemos identificar de inmediato un sorprendente número de cosas desechables sin siquiera hacernos la pregunta de "¿Esto me hace feliz?". Ya he señalado la importancia de renunciar a las cosas de las que te cuesta trabajo desprenderte. Cuando pones tu casa en orden, es igual de importante identificar las cosas que has conservado "sin una razón en particular". La mayoría de la gente vive con una asombrosa inconsciencia respecto a todos los cachivaches que ocupan espacio en su casa.

Regalos

Un plato que recibiste como regalo de bodas aún guardado en su caja encima de la vitrina. Un llavero de recuerdo que te regaló un amigo y ahora yace en tu cajón. Una caja de incienso con aroma peculiar que te obsequiaron tus colegas en tu cumpleaños. ¿Qué tienen en común todos esos objetos? Fueron regalos. Alguien importante para ti dedicó un tiempo precioso para elegirlos y comprártelos. Son una expresión de amor y consideración. No puedes tirarlos sin más, ¿o sí?

Pero consideremos esto con más cuidado. La mayoría de estos regalos permanecen cerrados o solo se han usado una vez. Acéptalo. Simplemente, no son de tu agrado. El verdadero propósito de un regalo es *ser recibido*. Los presentes no son "cosas" sino medios para transmitir los sentimientos de alguien. Cuando se los considera desde esta perspectiva, no debes sentirte culpable de tirar un regalo. Solo agradécele la alegría que te dio cuando lo recibiste. Claro que sería ideal usarlo con alegría. Pero, seguramente, la persona que te lo dio no quiere que te sientas obligado a usarlo, ni a tenerlo guardado sin usarlo solo para sentirte culpable cada vez que lo veas. Cuando lo desechas, también lo haces por cariño a quien te lo dio.

Cajas de teléfonos móviles

Las cajas son increíblemente voluminosas. Desecha la caja de tu teléfono tan pronto lo desenvuelvas. No necesitas el manual ni el CD que viene con él. Con el uso, llegarás a conocer las aplicaciones que necesitas. Todos mis clientes han desechado este tipo de cosas y ninguno ha notado su ausencia. Si tuvieras algún problema, siempre te podrán ayudar en la tienda donde lo compraste. Es mucho más rápido pedir la respuesta a un profesional que batallar con el manual.

Cables no identificados

Si ves un cable y te preguntas para qué rayos sirve, es muy probable que nunca vuelvas a usarlo. Los cables misteriosos siempre serán eso: un misterio. ¿Te preocupa llegar a necesitarlo si algo se estropea? Olvídalo. He visto innumerables hogares con duplicados del mismo tipo de cable, pero una maraña de cables solo dificulta encontrar el correcto. Al final, es más rápido comprar uno nuevo. Guarda solo los cables que identifiques con claridad y deshazte del resto. Es probable que tu colección incluya varios que pertenecen a máquinas que tiraste hace ya mucho tiempo.

Botones sueltos

Nunca usarás los botones sueltos. En la mayoría de los casos, cuando se cae un botón es una señal de que una camisa o una blusa en particular se usó y apreció lo suficiente y ha llegado al final de su vida. Para los abrigos y las chaquetas que quieras conservar durante mucho tiempo, te recomiendo coserles en el forro botones de repuesto tan pronto los compres. Para ropa más vieja, si pierdes un botón y de veras quieres reemplazarlo, podrás conseguir el que necesites en las mercerías grandes. La experiencia me ha llevado a la conclusión de que, cuando se cae un botón, la gente no suele molestarse en coser otro, aun cuando conserve los de repuesto. En cambio, siguen usando la prenda sin un botón o la dejan olvidada en algún rincón de su armario. Si de todos modos no vas a usar los botones de repuesto, no importa que los tires.

Cajas de electrodomésticos

Algunas personas guardan las cajas de los electrodomésticos porque creen que así podrán pedir más dinero por el aparato si deciden venderlo. Sin embargo, es una pérdida de tiempo. Si piensas en el alquiler que pagas, convertir tu espacio en un almacén de cajas vacías te cuesta más de lo que podrías ganar vendiendo un electrodoméstico en su caja. Tampoco necesitas guardarla para transportarlo. Te preocuparás por hallar las cajas adecuadas cuando llegue el momento. Es una pena dejar que una aburrida caja ocupe espacio en tu casa solo porque podrías llegar a necesitarla algún día.

Televisiones y radios estropeados

A menudo me topo con televisiones y radios estropeados en las casas de mis clientes. Obviamente, no hay necesidad de conservarlos. Si también tienes aparatos averiados, mira esto como una oportunidad de ir al punto de reciclaje más cercano y deshacerte de ellos.

La cama para el invitado que nunca viene

Colchón o cama plegable, edredón, almohada, colcha, sábanas..., un juego completo de ropa de cama ocupa mucho espacio. Este es otro objeto común que se elimina durante mis lecciones, e insisto, mis clientes rara vez lo echan de menos. Aunque vale la pena tener una cama adicional si tienes invitados con frecuencia y espacio para ellos, se vuelve innecesaria si solo tienes invitados de una noche una o dos veces al año. Si de veras necesitas una cama, puedes improvisar con un sofá, una alternativa que recomiendo mucho. Las camas guardadas indefinidamente en el armario suelen tener un olor a moho tan fuerte que no querrías que tus invitados las usaran. Huele por ti mismo y verás.

Muestras de cosméticos
para los viajes

¿Tienes muestras de cosméticos durante un año o más sin usar? Mucha gente los conserva para utilizarlos en viajes, pero luego nunca se los lleva. Por eso contacté con varios fabricantes para preguntarles sobre la vida útil de estos productos. Las respuestas variaron. Algunos solo duran unas pocas semanas, mientras que otros aguantan un año. Cuando la cantidad es muy pequeña, como la de las muestras, la calidad se deteriora más rápido. Usar cosméticos probablemente caducos, sobre todo cuando se supone que deberías disfrutar de tu viaje, me parece un tanto imprudente.

Productos de última moda
en salud

Cinturones para adelgazar, botellas de vidrio para aceites de aromaterapia, exprimidores especiales, máquina para adelgazar que simula el movimiento de cabalgar... parece un desperdicio tirar artículos tan caros pero que nunca has usado mucho. Créeme, puedo darte muchos ejemplos. Puedes desprenderte de ellos. La emoción que sentiste cuando los compraste es lo que cuenta. Expresa tu aprecio por su contribución a tu vida diciéndoles: "Gracias por la emoción que me diste cuando te compré", o "Gracias por ayudarme a estar un poco más en forma". Luego deséchalos con la convicción de que estás un poco más saludable por haberlos comprado.

Caprichos
de regalo

Un limpiador para la pantalla del móvil incluido en una botella de refresco, un bolígrafo con el nombre de tu escuela grabado, un abanico que te regalaron, una figura que venía con las galletas, un juego de tazas de plástico que ganaste en una rifa, vasos impresos con el logo de una marca de cerveza, una carpeta con solo cinco hojas de papel secante, un calendario promocional (aún enrollado), un calendario de bolsillo (aún sin usar a la mitad del año). Nada de esto te va a dar placer. Tíralo sin pensarlo dos veces.

Objetos sentimentales
La casa de tus padres no es un almacén de recuerdos

Ya que has organizado tu ropa, libros, papeles y *komono*, por fin puedes ocuparte de la última categoría: objetos con valor sentimental. Dejo estas cosas para lo último porque son las más difíciles de desechar. Como la palabra implica, un recuerdo es el recordatorio de un momento en que nos dio alegría. La sola idea de tirarlo siempre nos genera el temor de perder esos preciosos momentos. Pero no te preocupes. Los recuerdos auténticamente preciosos nunca se desvanecerán aun cuando deseches los objetos con que los asocias. Si piensas en tu futuro, ¿crees que vale la pena conservar recuerdos de cosas que olvidarías si no los conservas? Nosotros vivimos en el presente. No importa lo maravillosas que hayan sido las cosas, no podemos vivir en el pasado. La alegría y la emoción que sentimos aquí y ahora es más importante. Así que, una vez más, la manera de decidir qué conservar es tomar cada objeto y preguntarte: "¿Esto me hace feliz?".

Te voy a hablar de una clienta mía a quien llamaré "A". Tenía treinta años y vivía con su marido y sus dos hijos. Cuando visité su casa para nuestra segunda sesión, era obvio que el número de cosas se había reducido.

–Has trabajado muy duro –le dije–. Parece que te hubieras deshecho de 30 bolsas llenas de cosas.

Muy complacida, ella respondió:

–¡Sí, así fue! Llevé todos mis recuerdos a casa de mi madre.

Casi no pude creer lo que acababa de escuchar. Había usado el método de "enviárselo a mis padres". Cuando empecé con este negocio creía que poder enviar cosas "a casa" era el privilegio de personas que provenían de casas grandes en el campo. Muchos de mis clientes eran mujeres solteras o madres jóvenes que vivían en Tokio. Si pedían permiso para enviar cosas a casa de sus padres, yo les decía: "Claro. Siempre y cuando lo hagas de inmediato". Nunca cuestioné nada de esto hasta que mi clientela empezó a mudarse a casas rurales. Cuando me enteré del verdadero estado de las casas de sus padres, me vi forzada a retractarme de mis imprudentes palabras.

Hoy me doy cuenta de que las personas que tienen un lugar conveniente para enviar objetos, como la casa de sus padres, en realidad son bastante desafortunadas. Aunque la casa sea grande y con cuartos de sobra, no se trata de una cuarta dimensión siempre en expansión. La gente nunca recoge las cajas que envía "a casa". Una vez enviadas, nunca serán abiertas.

Pero retomaré mi historia. Poco tiempo después, la madre de A se apuntó a mi curso. Yo sabía que si iba a concluirlo, tendríamos que ocuparnos de las cosas que A le había enviado. Cuando visité la casa descubrí que la habitación de A estaba intacta. Sus cosas llenaban la estantería y el armario, y ahora había dos cajas grandes en el suelo. El sueño de su madre era tener un espacio propio donde pudiera relajarse, pero a pesar de que A se había mudado hacía tiempo, con sus cosas aún enclaustradas en su habitación, el único espacio que su madre sentía como propio era la cocina. Aquello parecía bastante antinatural. Decidí hablar con A y le anuncié:

– Tu madre y tú no terminaréis este curso hasta que os ocupéis de las cosas que dejaste en casa de tus padres.

El día de nuestra última sesión A parecía muy feliz.

–¡Ahora puedo disfrutar el resto de mi vida sin preocupaciones!

Había vuelto a casa y puesto sus cosas en orden. En las cajas halló un diario, fotografías de antiguos novios, una montaña de cartas y tarjetas...

–Solo me estaba engañando a mí misma al enviar a casa de mis padres las cosas de las que no podía desprenderme. Cuando volví a mirar cada objeto, me di cuenta de que había vivido esos momentos plenamente y fui capaz de agradecer a mis recuerdos la alegría que me dieron en aquel momento. Cuando los deseché, sentí que me había enfrentado a mi pasado por primera vez en mi vida.

Así fue. Al tomar cada objeto sentimental y decidir qué descartar, procesas tu pasado. Si solo metes esas cosas en un cajón o una caja de cartón, antes de que siquiera lo notes tu pasado se convertirá en un peso que te retiene y te impide vivir en el aquí y ahora. Poner tus cosas en orden también significa poner tu pasado en orden. Es como reajustar tu vida y saldar tus cuentas para dar el siguiente paso hacia delante.

Fotos
Quiérete ahora

El último objeto en la categoría de cosas sentimentales son las fotografías. Por supuesto, yo tengo una buena razón para dejar las fotos para el final. Si ya has seleccionado y desechado cosas en el orden que recomiendo, entonces es probable que te topes con fotografías en muchos lugares diferentes, quizá atrapadas entre los libros de una repisa, dentro de un cajón o escondidas en una caja de cachivaches. Aunque muchas estarán en álbumes, estoy segura de que encontraste una o dos envueltas en una carta o en el sobre de la tienda de revelado. (No sé por qué tanta gente deja las fotos en estos sobres). Como suelen aparecer fotos en los lugares más inesperados mientras organizamos otras categorías, resulta mucho más eficaz ponerlas en un sitio cada vez que encuentres una y ver qué harás con ellas al final.

Existe otra razón para dejar las fotos para lo último. Si empiezas a seleccionarlas antes de afinar tu intuición respecto a lo que te hace feliz, todo el proceso se descontrolará y se detendrá. Por lo contrario, cuando sigas el orden correcto para organizar (es decir, ropa, libros, papeles, *komono* y objetos sentimentales), la organización se dará sin dificultades y te asombrará tu capacidad de elegir según lo que te da placer.

Solo hay una manera de organizar las fotografías y debes tener presente que se tarda un poco. El método correcto es retirarlas todas de sus álbumes y mirarlas una por una. Quienes digan que esto es demasiado engorroso nunca se han puesto a organizar fotos en serio. Las fotografías solo existen para mostrar un suceso o momento específico. Por esta razón deben mirarse una por una. Cuando lo hagas, te sorprenderá la claridad con que distingues las que te tocan el corazón de las que no. Como siempre, solo conserva las que te inspiren alegría.

Con este método conservarás alrededor de un 5 por ciento de un viaje especial, pero será tan representativo de aquel momento que evocará el resto vívidamente. Las cosas muy importantes no son tan numerosas. Las fotos aburridas con escenarios que ni siquiera puedes ubicar pertenecen al cubo de la basura. El significado de una foto radica en la emoción y la alegría que sientes cuando la miras. En muchos casos, las copias que revelas después ya viven más allá de su propósito.

A veces, la gente conserva un montón de fotos en una gran caja con la intención de disfrutarlas en algún momento de su vejez. Yo puedo decirte que ese "momento" nunca llega. No puedo ni contar cuántas cajas de fotografías sin ordenar he visto que han sido dejadas por alguien que fallece. Una típica conversación con mis clientes es más o menos así:

–¿Qué hay en esa caja?

–Fotos.

–Entonces puedes esperar hasta el final para organizarlas.

–Pero no son mías. Eran de mi abuelo.

Siempre me entristece tener una conversación como esta. No puedo evitar pensar que la vida del difunto habría sido mucho más rica si el espacio ocupado por esa caja hubiera estado libre cuando la persona estaba viva. Además, no deberíamos seguir ordenando fotografías cuando ya hemos llegado a la vejez. Si tú también estás dejando esta tarea para cuando envejezcas, no esperes. Hazla ahora. Disfrutarás mucho más las fotos en tu vejez si ya las tienes en un álbum que si tienes que ponerte a organizar una caja grande y pesada llena de fotos.

Otro objeto que es tan difícil de desechar como las fotos son los recuerdos de los propios hijos. Un regalo del Día del padre con las palabras: "Gracias, papá". Un dibujo que hizo tu hijo, seleccionado para colgarlo en el vestíbulo de la escuela o un adorno que hizo tu hija. Si aún te dan alegría, entonces está bien que las guardes. Pero si tus hijos han crecido y las guardas porque crees que se molestarán si las tiras, entonces pregúntales. Es muy probable que te respondan: "¿Qué? ¿Aún conservas eso? Claro, tíralo".

Y ¿qué hay de las cosas de tu propia infancia? ¿Aún guardas tus notas? Cuando un cliente sacó un uniforme de hace 40 años, incluso yo sentí que el corazón se me iba a encoger de la emoción. Pero incluso eso debe desecharse. Tira todas esas cartas que hace años te envió tu novia o tu novio. El propósito de una carta se cumple en el momento que se recibe. Ahora, la persona que la escribió ya ha olvidado lo que escribió e incluso la propia existencia de la carta. En cuanto a los accesorios que recibiste como regalos, solo consérvalos si te dan pura alegría. Si los conservas porque no puedes olvidar a una expareja, lo mejor es desecharlos. Aferrarte a ellos aumenta la probabilidad de que pierdas oportunidades para tener nuevas relaciones.

Lo que debemos atesorar no son nuestros recuerdos sino la persona en la que nos hemos convertido gracias a esas experiencias del pasado.

Esta es la lección de los recuerdos cuando los ordenamos. El espacio en el que vivimos debería ser para la persona en la que nos estamos convirtiendo ahora, no para la persona que fuimos en el pasado.

Amontonamientos asombrosos

Hay dos sorpresas que suelo encontrarme cuando ayudo a los clientes a poner su casa en orden: objetos poco comunes o en enormes cantidades. Las primeras me las topo todo el tiempo. Puede ser un micrófono usado por algún cantante, o los últimos utensilios de cocina de alguien a quien le encantaba cocinar. Cada día ofrece excitantes encuentros con lo desconocido. Esto es bastante natural, pues los intereses y las profesiones de mis clientes son extremadamente diversos.

El verdadero impacto ocurre cuando descubres una colección gigantesca de un mismo objeto, el cual podrías hallar en cualquier casa. A medida que trabajamos, siempre anoto el volumen aproximado de los diversos objetos que tienen mis clientes y me fijo de manera particular en mi clasificación de los montones porque siempre se establecen nuevos récords. Por ejemplo, una vez descubrí una enorme colección de cepillos de dientes en la casa de una clienta. El récord hasta ese momento había sido de 35. Incluso esa colección se había quedado pequeña.

–Quizá tienes unos pocos más de los que necesitas –comenté, y ambas compartimos una pequeña y agradable carcajada.

Pero el nuevo récord sobrepasó con mucho al viejo. ¡Esta clienta tenía 60 cepillos de dientes! Colocados en cajas dentro de la alacena bajo el lavabo, parecían una obra de arte. Es interesante cómo la mente humana intenta encontrarle un sentido incluso a lo absurdo. A veces me pregunto si ella usaba uno diario por cepillarse con demasiada fuerza o si quizá usaba uno distinto para cada diente.

Otra sorpresa fue una colección de 30 cajas de plástico para envolver. Abrí la alacena de encima del fregadero y la encontré totalmente llena de lo que parecían grandes bloques de LEGO® amarillos:

–Uso plástico para envolver todos los días. Por eso se acaba rápido –explicó mi clienta.

Pero aun cuando ella usara una caja cada semana, aquella provisión le alcanzaría para más de medio año. El plástico para envolver de tamaño regular viene en rollos de 20 metros. Para usar un rollo por semana, tendrías que cubrir un plato de 20 centímetros de diámetro 66 veces, y con una cantidad generosa. La sola idea de repetir la acción de tirar del plástico y romperlo tantas veces me provocaría síndrome del túnel carpiano.

En cuanto al papel higiénico, el récord hasta ahora es de 80 rollos.

–Me suelo poner mal del estómago... así que se me acaba muy pronto –fue la excusa de la clienta.

Pero incluso usando un rollo diario, tenía provisión suficiente para al menos tres meses. No estoy segura de si ella podría haberse acabado un rollo al día, aun cuando pasara todo el día limpiándose el trasero, pero este, para entonces, debía de estar en carne viva por el roce continuo. Eso me hizo preguntarme si no sería mejor darle crema para la piel en vez de lecciones de organización.

Sin embargo, lo mejor de todo fue un montón de 20.000 bastoncillos de algodón, una provisión de 100 cajas con 200 cada una. Si mi cliente usara uno cada día, tardaría 55 años –su edad– en usar su provisión entera. Para cuando terminara, habría desarrollado técnicas asombrosas para limpiarse los oídos. El último que usara sería casi sagrado.

Quizá te cueste trabajo creer estos relatos, pero no es broma. Lo raro es que ninguno de estos clientes se dio cuenta de cuántos objetos tenía hasta que empezó a poner su casa en orden. Y aunque tenían montones descomunales de cosas, siempre les parecía que no había suficiente y temían que se les agotaran. No creo que exista cantidad que haga sentir segura a la gente que acumula. Cuanto más tienen, más se preocupan de que se les acaben y más ansiosos se ponen. Aunque todavía tengan dos, comprarán cinco más.

A diferencia de lo que pasa en una tienda, si se te acaba algo en tu casa no es un gran problema. Te puede provocar estrés temporal, pero no un daño irreparable. Pero ¿cómo manejar estos arsenales? Aunque la mejor solución parece que es acabar todos los productos, en muchos casos ya están caducados y deben tirarse. Yo te recomiendo que te deshagas de las cosas que te sobren, todas de una vez. Regálaselas a los amigos que las necesiten, dónalas o llévalas a una planta de reciclaje. Tal vez pienses que eso es tirar el dinero, pero reducir el volumen de tus cosas y librarte del exceso es la manera más rápida y efectiva de poner tus cosas en orden.

Cuando ya has experimentado la libertad que te da una vida sin provisiones excesivas, no querrás retroceder y dejarás de acumular cosas de manera natural. Mis clientes me dicen que ahora su vida es más entretenida porque, cuando se les acaba algo, les gusta ver cuánto tiempo duran sin eso o sin tratar de sustituirlo con otras cosas. Es importante hacer un recuento de tus posesiones actuales y eliminar el exceso.

Sigue desechando
hasta que sientas el "clic"

Clasifica por categoría, en el orden correcto y conserva solo las cosas que te inspiren alegría. Hazlo rápida y concienzudamente, todo de un tirón. Si sigues este consejo, reducirás de forma drástica las cosas que posees, sentirás una emoción que nunca has sentido y ganarás confianza en tu vida.

¿Cuál es la cantidad correcta de posesiones? Yo creo que la mayoría de la gente no lo sabe. Casi seguro que llevas toda tu vida rodeado de mucho más de lo que necesitas. Esto hace que a mucha gente le cueste trabajo imaginar cuánto necesita para vivir con comodidad. A medida que reduzcas tus posesiones mediante el proceso de organización, llegarás a un punto en el que sabrás de repente cuánto es lo correcto para ti. Lo sentirás tan claro como si algo hiciera clic en tu cabeza y te dijera: "¡Basta! Esta es la cantidad que necesito para vivir cómodamente. Es todo lo que necesito para ser feliz. No necesito nada más". La satisfacción que envuelve todo tu ser a esas alturas es palpable. Yo llamo a esto el "momento del clic". Curiosamente, una vez que superas este momento, descubrirás que la cantidad de cosas que posees nunca aumenta. Y esta es la razón de que no sufras un rebote.

El momento del clic varía de una persona a otra. Para un amante de los zapatos, podría darse al llegar a los 100 pares, mientras que un amante de los libros podría necesitar otra cosa además de libros. Algunas personas, como yo misma, tienen más ropa de estar por casa que de calle, mientras que otros prefieren andar desnudos en su casa y por eso no tienen ropa de estar por casa. (Te sorprendería saber cuántos caen en esta última categoría).

Mientras pones tu casa en orden y reduces tus posesiones verás cuáles son tus valores auténticos, lo cual es muy importante en tu vida. Pero no te centres en reducir tus pertenencias ni tampoco en los métodos de almacenamiento eficientes. Mejor elige las cosas que te inspiran alegría y goza la vida según tus propios estándares. Ese es el verdadero placer de organizar. Si aún no sientes el clic, no te preocupes. Puedes seguir reduciendo tus posesiones. Emprende esta tarea con confianza.

Si sigues tu intuición, todo estará bien

"Elige las cosas que te despierten alegría cuando las toques".

"Cuelga cualquier prenda que parezca más feliz en una percha".

"No te preocupes por tirar demasiadas cosas. Llegará un momento en que sepas cuánto es lo correcto".

Si ya has leído todo eso, tal vez te has dado cuenta de que en mi método tus sentimientos son el criterio para la toma de decisiones. Quizá a mucha gente le desconcierten criterios tan vagos como "las cosas que te den placer" o "el momento del clic". La mayoría de los métodos proponen objetivos numéricos claramente definidos, como: "Tira lo que no hayas usado en dos años", "Siete chaquetas y diez blusas son la cantidad perfecta", o "Tira una cosa cada vez que compres algo nuevo". Pero yo creo que es la razón de que estos métodos acaben en rebote.

Aunque dichos métodos conduzcan temporalmente a tener un espacio organizado, seguir automáticamente los criterios propuestos por otros y basados en sus conocimientos no tiene un efecto duradero. No, a menos que su criterio coincida con el tuyo sobre lo que te hace sentir bien. Solo tú puedes saber qué tipo de entorno te hace sentir feliz. El acto de coger y elegir objetos es extremadamente personal. Para evitar el rebote, necesitas crear tu propio método de organización con tus propios criterios. Justo por eso es tan importante identificar qué sientes respecto de cada objeto que posees.

El hecho de que poseas un exceso de cosas que no logras desechar no significa que las estés cuidando bien. En realidad, es todo lo contrario. Cuando llegues al volumen que puedas manejar adecuadamente, revitalizarás tu relación con esas pertenencias. Deshacerse de cosas no implica perder las experiencias del pasado ni tu identidad. Por medio del proceso para seleccionar las cosas que te inspiran alegría podrás identificar con precisión lo que amas y lo que necesitas.

Cuando valoramos honestamente las cosas que poseemos, estas evocan muchas emociones en nuestro interior. Esos sentimientos son reales. Esas emociones son las que te dan la energía para vivir. Cree lo que tu corazón te diga cuando le preguntes: "¿Esto me hace feliz?". Si actúas según esa intuición, te asombrará cómo las cosas empezarán a conectarse en tu vida y los cambios drásticos que seguirán. Es como si tu vida hubiera sido tocada por la magia. Poner tu casa en orden es la magia que crea una vida vibrante y feliz.

CAPÍTULO CUATRO

Cómo ordenar tus cosas para tener una vida emocionante

Un lugar
para cada cosa

Esta es la rutina que sigo todos los días cuando vuelvo del trabajo. Primero quito el cerrojo de la puerta y le digo a mi casa: "¡Ya he llegado!". Después de recoger el par de zapatos que usé ayer y dejé en el recibidor, les digo: "Muchas gracias por trabajar tan duro", y los pongo en el armario de zapatos. Luego me quito los que he usado hoy y los dejo con todo cuidado en el recibidor. Voy a la cocina, enciendo la tetera y voy a mi habitación. Dejo suavemente mi bolso en la alfombra de piel de oveja y me quito la ropa de calle. Pongo mi chaqueta y mi vestido en una percha y les digo: "¡Buen trabajo!", y los cuelgo temporalmente de la manilla de la puerta del vestidor. Pongo mis medias en una cesta de ropa sucia que cabe en la esquina inferior derecha de mi armario, abro un cajón, selecciono la ropa que usaré en casa y me la pongo. Saludo a la planta que está en la maceta junto a la ventana y acaricio sus hojas.

Mi siguiente tarea es vaciar el contenido de mi bolso en la alfombra y guardar cada objeto en su lugar. Primero saco todos los recibos. Luego pongo mi bolso en su espacio asignado dentro de un cajón bajo mi cama y le doy las gracias. Coloco mi billete de tren y mi portatarjetas en un cajón. Pongo mi reloj en un joyero antiguo color rosa en el mismo cajón y mi collar y mis pendientes en la bandeja para accesorios a un lado. Antes de cerrar el cajón, les digo: "Gracias por lo que habéis hecho por mí el día de hoy".

A continuación regreso al recibidor y guardo todos los libros y cuadernos que he llevado conmigo todo el día (convertí una repisa de mi armario de zapatos en una librería). De la repisa inferior cojo mi "bolsa de recetas" y las pongo ahí. Luego la cámara digital con la que trabajo en el espacio que hay a un lado, reservado para los aparatos eléctricos. Los papeles usados van a la caja de reciclaje en un armario bajo de la cocina. Aquí me preparo una tetera mientras reviso el correo y tiro las cartas leídas.

Desde que entro por la puerta hasta que llego a la cocina, solo han pasado cinco minutos. Ahora puedo servirme una taza de té y relajarme.

No te cuento esto para presumir sobre mi hermoso estilo de vida, sino para demostrar lo que es tener un lugar designado para todo. Mantener tu espacio organizado se vuelve algo automático. Puedes hacerlo sin esfuerzo, aun cuando llegas a casa cansado del trabajo, y eso te da más tiempo para disfrutar de la vida.

El sentido de decidir lugares específicos para guardar cosas es asignar un sitio para *todo*. Tal vez pienses que tardarás toda tu vida en lograrlo, pero no debes preocuparte. Aunque parece complicado asignar un lugar a cada cosa, es mucho más sencillo que decidir qué conservar y qué desechar. Como ya has decidido qué conservar de cada tipo de objeto, y como todos esos objetos pertenecen a la misma categoría, solo necesitas guardarlos cerca unos de otros.

La razón de que cada objeto deba tener un lugar es porque la existencia de un objeto sin un sitio propio multiplica las posibilidades de que tu espacio vuelva a desordenarse. Digamos, por ejemplo, que tienes una repisa vacía. ¿Qué ocurre si alguien deja en esa repisa un objeto que no tiene un sitio asignado? Ese objeto se convertirá en tu perdición. En un abrir y cerrar de ojos, ese espacio que se había conservado en orden se cubrirá de objetos, como si alguien gritara: "¡Poneos todos aquí".

Solo necesitas asignar una vez un sitio para cada objeto. Inténtalo. Te asombrarán los resultados. Nunca más comprarás más de lo que necesitas. Nunca más seguirán acumulándose tus posesiones. De hecho, se reducirán. La esencia del almacenamiento efectivo es esta: asigna un sitio para cada cosa que tengas. Si ignoras este principio básico y experimentas con la amplia gama de ideas de almacenamiento que se promueven, te arrepentirás. En realidad, esas "soluciones" de almacenamiento no son más que medios en los cuales enterrar posesiones que no inspiran alegría.

Una de las razones principales del rebote es no asignar un sitio para cada objeto. Sin un sitio designado, ¿dónde vas a poner las cosas cuando termines de usarlas? Una vez elegido un lugar para tus cosas, podrás mantener tu casa en orden. Entonces, decide dónde van tus cosas y, cuando termines de usarlas, ponlas ahí. Es el requisito principal para el almacenamiento.

Primero desecha, luego guarda

Los participantes de mis cursos se sorprenden mucho cuando les muestro las fotografías de antes y después de las casas de mis clientes. La respuesta más común es: "¡La habitación está muy despejada!". Es verdad. En muchos casos, mis clientes deciden no dejar nada en el suelo, nada que obstruya la línea de visión. Es posible que incluso las estanterías hayan desaparecido. Pero eso no significa que hayan tirado todos sus libros. Tal vez pusieron las estanterías en el armario. Poner las estanterías dentro de un armario grande es una de mis prácticas de almacenamiento más comunes. Si tu armario está a punto de reventar tal vez pienses que ahí no va a caber tu estantería. De hecho, es probable que el 99 por ciento de mis lectores piensen eso. Pero en realidad puede haber bastante espacio.

La cantidad de espacio de almacenamiento en tu habitación es adecuada. No recuerdo cuántas veces la gente se ha quejado conmigo de que no tienen espacio suficiente, pero aún no he visto una sola casa a la que le falte espacio para almacenar. El verdadero problema es que tenemos mucho más de lo que necesitamos o queremos. Cuando aprendes a elegir tus posesiones de modo adecuado, solo te quedarás con lo que cabe perfectamente en el espacio con que cuentas. Esa es la verdadera magia de la organización. Quizá parezca increíble, pero mi método de quedarse solo con lo que despierta alegría en el corazón es así de preciso. Por eso debes empezar por desechar. Cuando lo haces, será fácil decidir dónde deben ir las cosas porque tus posesiones se habrán reducido a una tercera o cuarta parte de las que tenías al principio. Por el contrario, no importa cuánto te esfuerces por organizar ni lo efectivo que sea tu método de almacenamiento, si comienzas a guardar antes de eliminar el excedente, sufrirás un rebote. Lo sé porque lo he vivido en carne propia.

Sí, yo. Aunque ahora te sugiero que no te conviertas en un experto en almacenamiento, aun cuando te exhorte a no guardar tus cosas hasta que no hayas reducido su volumen, hace no mucho tiempo, el 90 por ciento de mis pensamientos se concentraban solo en el almacenamiento. Empecé a pensar en serio sobre este tema desde que tenía cinco años, así que esta parte de mi carrera duró aún más que mi pasión por desechar, la cual descubrí en la adolescencia. Durante ese periodo, pasé la mayor parte de mi tiempo con un libro o una revista en las manos, probando métodos de almacenamiento y cometiendo todos los errores posibles.

Ya se tratara de mi propia habitación, la de mis hermanos o incluso mi escuela, pasaba mis días examinando lo que había en los cajones y los armarios, y movía las cosas unos pocos milímetros cada vez mientras trataba de encontrar la disposición perfecta. "¿Qué pasa si pongo esta caja aquí?". "¿Qué pasa si saco este separador?". No importa dónde estuviera, yo cerraba los ojos y recolocaba el contenido de un armario o una habitación en mi mente como si se tratara de piezas de un rompecabezas. Tras pasar mi juventud imbuida en este tema, caí en la ilusión de que el almacenamiento era una forma de competencia intelectual cuyo objeto era ver cuánto cabía en un espacio mediante la organización racional. Si había una brecha entre dos muebles, ahí empotraba una unidad de almacenaje, la llenaba de cosas y luego me regodeaba triunfante cuando el espacio se llenaba. En cierta etapa llegué a ver mis cosas e incluso mi casa como un adversario al cual debía derrotar y vivía con una actitud beligerante.

El almacenamiento: busca la máxima sencillez

Cuando abrí mi negocio supuse que tenía que demostrar mi capacidad para proponer diseños de almacenamiento milagrosos (soluciones inteligentes que podrían sacarse de una revista, como un estante que cabe a la perfección en un pequeño espacio que a nadie más se le habría ocurrido usar). Tenía la extraña idea de que era la única manera de satisfacer a mis clientes. Sin embargo, al final esas ideas tan inteligentes casi siempre resultan impracticables en la realidad y solo sirven para engordar el ego de su creador.

Por ponerte un ejemplo, en una ocasión en que ayudaba a una clienta a organizar su casa encontré una plataforma giratoria, muy parecida a las que ponen en las mesas de los restaurantes chinos. Había servido como base para un horno microondas, pero hacía mucho que el horno ya no estaba. Tan pronto como la vi, tuve la brillante idea de convertirla en un artículo de almacenaje. Me estaba costando trabajo decidir dónde podría usarla, pues era bastante grande y gruesa; luego, por casualidad, mi clienta mencionó que tenía tantos aderezos para ensaladas que no podía mantenerlos en orden. Abrí el armario que ella me indicó y, por supuesto, estaba lleno de botellas de aderezos para ensalada. Yo los saqué y traté de insertar la plataforma. Cupo a la perfección. La llené de cosas y *voilà*. Ahí tenía un espacio de almacenamiento que lucía tan pulcro y sofisticado como un mostrador de tienda. Mi clienta podía acceder a las botellas de atrás con solo girar la plataforma. ¡Eso es conveniencia! Mi clienta se quedó fascinada y todo parecía perfecto.

No tardé mucho en percatarme de mi error. Durante nuestra siguiente lección revisé su cocina. Aunque la mayor parte seguía limpia y ordenada, cuando abrí la puerta del armario con aderezos vi que el interior era un desastre. Cuando le pregunté por qué, ella me explicó que cada vez que giraba la plataforma, las botellas se resbalaban y se caían. Además, como tenía demasiadas, había dejado las que le sobraban en la orilla de la plataforma, lo cual dificultaba el giro.

Como puedes ver, me había concentrado tanto en usar la plataforma para crear un espacio de almacenamiento asombroso que no puse atención en lo que estaba guardando (botellas que se resbalan y se caen con facilidad). Cuando pensé en eso con más cuidado también me di cuenta de que nadie necesita tener acceso frecuente a las cosas del fondo de un armario, así que no se necesitaba una plataforma giratoria. Además, las formas redondas ocupan demasiado y desperdician espacio, lo cual las hace inadecuadas para el almacenaje. Al final retiré la plataforma, puse las botellas en una caja cuadrada y volví a guardarlas en el armario. Aunque simple y convencional, según mi cliente, este método fue mucho más fácil de usar. Según esta experiencia, llegué a la conclusión de que los métodos de almacenamiento deben ser lo más sencillos que se pueda. No tiene sentido pensar en estrategias complicadas. Cuando tengas dudas, pregúntales a tu casa y al objeto cuál es la mejor solución.

La mayoría de la gente sabe que el desorden lo provoca el exceso de cosas. Pero ¿por qué tenemos tantas? Por lo general, es porque no sabemos con precisión cuántas tenemos en realidad. Y no lo sabemos porque nuestros métodos de almacenamiento son demasiado complejos. Nuestra capacidad para evitar el exceso depende de la capacidad para simplificar el almacenamiento. El secreto para mantener una habitación ordenada es buscar la máxima sencillez de almacenamiento, de modo que puedas saber de un vistazo cuántas cosas tienes. Y digo "máxima sencillez" por una razón. Es imposible recordar la existencia de cada objeto que tenemos aun cuando simplifiquemos nuestros métodos de almacenamiento. Aun en mi propia casa, donde he trabajado mucho para mantener sencillo el almacenamiento, a veces me encuentro objetos, de los que me había olvidado por completo, guardados en un armario o un cajón. Si mi almacenamiento fuera más complejo, por ejemplo, si dividiera mis cosas en tres niveles según la frecuencia de uso o la estación del año, tendría muchos más objetos pudriéndose en la oscuridad y el olvido. Por eso tiene mucho más sentido mantener el almacenamiento lo más sencillo posible.

No disperses los espacios de almacenamiento

Por las razones que describo arriba, mi método de almacenamiento es extremadamente sencillo. Solo tengo dos reglas: guarda todos los objetos del mismo tipo en el mismo lugar y no disperses los espacios de almacenamiento.

Solo hay dos maneras de clasificar las pertenencias: por tipo de objeto y por persona. Esto es fácil de entender si comparas a alguien que vive solo con alguien que vive con su familia. Si vives solo o tienes una habitación para ti solo, el almacenamiento es muy sencillo: asigna un lugar para guardar cada tipo de objeto. Puedes mantener un mínimo de categorías si sigues las que usaste para seleccionarlas. Empieza con la ropa y sigue con los libros, documentos y *komono,* y deja para el final los recuerdos u objetos sentimentales. Si seleccionas tus cosas en ese orden, podrás guardar cada categoría en su sitio asignado tan pronto como hayas elegido qué conservar.

Incluso puedes clasificar de manera más general. En vez de dividir tus cosas en tipos detallados, divídelas según sus similitudes en el material, por ejemplo, "tela y similares", "papel y similares" y "cosas que parecen eléctricas", y elige un sitio para cada tipo. Esto es mucho más fácil que visualizar dónde podrías usar un objeto o con qué frecuencia vas a usarlo. Con mi método, serás capaz de clasificar tus cosas con más precisión.

Si ya has decidido qué conservar según lo que da alegría a tu corazón, entonces entenderás lo que quiero decir porque ya has juntado los objetos por categorías, los has dejado en un solo sitio y los has cogido con la mano para tomar tu decisión. El trabajo que has hecho afina tu capacidad para percibir las cosas que van juntas y elegir lugares apropiados para guardarlas.

Si vives con tu familia, entonces primero define claramente espacios de almacenamiento separados para cada miembro de la familia. Esto es esencial. Por ejemplo, puedes asignar esquinas separadas para ti, tu pareja y tus hijos, y guardar todo lo que pertenezca a cada persona en su esquina. Es todo lo que debes hacer. Lo importante aquí es asignar solo un lugar por persona, si es posible. Dicho de otro modo, el almacenamiento debe concentrarse en un sitio. Si los lugares de almacenamiento se dispersan, toda la casa se desordenará en poco tiempo. Concentrar las pertenencias de cada persona en un sitio es la manera más efectiva para mantener en orden los espacios de almacenamiento.

Una vez, un cliente me pidió que ayudara a su hija de tres años a ser ordenada. Cuando fui a su casa, descubrí que sus cosas estaban guardadas en tres lugares diferentes: la ropa en la habitación, los juguetes en el cuarto de juegos y los libros en el salón. Siguiendo los principios básicos para seleccionar y almacenar, juntamos todo en su habitación. A partir de ese momento, su hija eligió qué ropa ponerse y guardó sus cosas en su sitio. Aunque yo le había dado instrucciones, me quedé sorprendida. ¡Incluso una niña de tres años puede organizarse!

Tener tu propio espacio te hace feliz. Cuando sientes que te pertenece personalmente, quieres mantenerlo en orden. Si no hay condiciones para darle a cada quien su propia habitación, sí se le puede asignar su propio espacio de almacenamiento. Varios de mis conocidos que no son buenos organizadores tuvieron una madre que les limpiaba su habitación o nunca tuvieron un espacio que sintieran como propio. Estas personas suelen guardar su ropa en la cómoda de sus hijos y sus libros en la estantería de su pareja. Pero es peligroso no tener un espacio propio. Todo el mundo necesita un santuario.

Soy consciente de que, cuando empiezas a organizar, tienes la tentación de comenzar con espacios o con cosas que pertenecen a toda la familia, como el salón, los jabones y los medicamentos, o los electrodomésticos y las provisiones para el hogar. Pero, por favor, deja eso para después. Organiza primero tus propias cosas. Elige lo que quieres conservar y guárdalo en su sitio. Al hacerlo, aprenderás las bases para poner en orden tu casa. Tal como ocurre cuando eliges qué pertenencias conservar, seguir el orden correcto es fundamental.

Olvídate del "plan de circulación" y de la "frecuencia de uso"

Los libros serios sobre organización aconsejan a sus lectores tener en cuenta el plan de circulación cuando asignen espacios de almacenamiento. No digo que este consejo esté mal. Hay muchas personas que eligen métodos de almacenamiento muy prácticos según una detallada observación de la línea del tránsito en su casa, así que lo que digo aquí solo se aplica al método KonMari. Y lo que digo es: olvídate del plan de circulación.

Cuando una de mis clientas, una mujer de cincuenta y tantos años, había terminado de seleccionar y guardar sus pertenencias, nos ocupamos de las de su marido. Ella me dijo que él necesitaba tener todo a mano, ya fuera el mando a distancia o un libro. Cuando examiné el espacio donde vivían, descubrí que, en efecto, las cosas de su marido estaban repartidas por toda la casa. Había una pequeña estantería para sus libros junto al baño, un sitio para sus objetos de bolsillo en el recibidor y cajones para sus calcetines y ropa interior cerca de la bañera. Pero eso no cambió mi política. Yo siempre insisto en que el almacenamiento debe centrarse en un solo lugar, y por eso, le dije a mi clienta que cambiara ropa interior, calcetines y objetos personales al armario donde él cuelga sus trajes o a un lugar próximo. Ella se puso un poco ansiosa.

–Pero a él le gusta guardar sus cosas donde las usa –dijo–. ¿Y si se molesta?

Un error muy común es guardar las cosas donde resulta más fácil encontrarlas. Este enfoque es una trampa mortal. El desorden se produce por no poner las cosas en el lugar que les corresponde. Por lo tanto, el almacenamiento debe reducir el esfuerzo que se requiere para guardarlas, no el esfuerzo que se requiere para sacarlas. Cuando usamos algo, tenemos un propósito claro para sacarlo. A menos que por alguna razón resulte demasiado difícil, no suele importarnos el esfuerzo que implica. El desorden tiene dos causas posibles: se requiere demasiado esfuerzo para guardar las cosas o no está claro cuál es el lugar que les corresponde. Si ignoramos este aspecto fundamental corremos el riesgo de crear un sistema que derive en desorden. A las personas que son como yo –despistadas por naturaleza–, les recomiendo concentrar su almacenamiento en un sitio. Por lo general, la idea de que es más conveniente tener todo al alcance de la mano resulta ser incorrecta.

Mucha gente planea sus espacios de almacenamiento para que se ajusten al flujo del tránsito dentro de su casa, pero ¿de qué manera crees que se desarrolló ese plan de circulación en un principio? En casi todos los casos, un plan de circulación queda determinado no por lo que una persona hace durante el día, sino por dónde guarda sus cosas. Aunque creamos que guardamos las cosas para ajustarlas a nuestra conducta, por lo general ajustamos inconscientemente nuestras acciones al lugar donde están guardadas nuestras cosas. Disponer los espacios de almacenamiento para que sigan el plan de circulación actual solo hará que se disperse el almacenamiento por toda la casa. Esto, a su vez, incrementará el riesgo de que acumulemos más posesiones y nos olvidemos de las que ya tenemos, lo cual nos hará la vida más difícil.

inagotable. Las cosas pueden apilarse y apilarse una sobre otra y por los siglos de los siglos, lo cual dificulta que notemos el aumento de volumen. En contraste, cuando las cosas se almacenan verticalmente, cualquier aumento ocupa espacio y tú acabas por quedarte sin áreas de almacenamiento. Cuando eso ocurra, lo notarás: "Oh, estoy volviendo a acumular cosas".

La otra razón es que apilar resulta un inconveniente para las cosas que se quedan en el fondo. Cuando las cosas se apilan una encima de otra, las de abajo se aplastan. El amontonamiento debilita y desgasta las cosas que soportan el peso del montón. Tan solo imagina qué sentirías si te vieras forzado a cargar un gran peso durante horas. Y no solo eso, pues las cosas que se quedan en el fondo nos olvidamos de que existen. Cuando apilamos nuestra ropa, una prenda sobre otra, las prendas de abajo se usan menos. La ropa que ya no emociona a mis clientes, aunque les gustase cuando la compraron, suele ser la que pasa un largo tiempo debajo del todo.

Esto también ocurre con los papeles y los documentos. Tan pronto como ponemos un documento encima de otro, el primero se aleja un poco de nuestra conciencia y, antes de que nos percatemos, tardamos en hacerle caso o incluso nos olvidamos por completo de que existe. Entonces, por estas razones, te recomiendo almacenar verticalmente cualquier cosa que puedas. Prueba con las cosas que tienes en un montón e intenta guardar todo verticalmente. Con solo hacerlo, serás más consciente del volumen de cosas que tienes en ese montón. El almacenamiento vertical puede usarse donde sea. Las neveras desordenadas son muy comunes, pero su contenido puede organizarse de manera rápida y sencilla si apoyamos las cosas sobre una orilla. Por ejemplo, a mí me encantan las zanahorias. Si abres mi nevera, encontrarás zanahorias en los portabebidas de la puerta.

No necesitas artículos especiales para guardar cosas

El mundo está lleno de artículos para almacenar muy útiles. Separadores ajustables, estantes para ropa que puedes colgar del perchero de tu vestidor, repisas delgadas que caben en espacios muy reducidos. Puedes encontrar artículos de almacenaje casi inimaginables en cualquier establecimiento, desde tiendas de cachivaches hasta tiendas de muebles lujosos o de decoración. Yo también fui alguna vez fanática del almacenamiento, así que en cierto periodo probé cada artículo de este tipo que había en el mercado, incluso los más extraños y extravagantes. Sin embargo, no conservo casi ninguno en casa.

Los artículos de este tipo que encontrarás en mi casa son varias cajoneras de plástico transparente para mi ropa y mis *komono*, una cajonera de cartón que uso desde secundaria y una cesta de mimbre para mis toallas. Es todo. Y eso lo guardo dentro de mi armario fijo. Aparte, hay unas repisas empotradas en la cocina y el baño, y el armario de zapatos en el recibidor. Los armarios y repisas fijos no son grandes, sino más bien pequeños. En principio, los únicos artículos de almacenaje que necesitas son cajoneras y cajas convencionales, y no objetos especiales ni lujosos.

La gente suele pedirme recomendaciones, y sin duda espera que les revele algún artefacto milagroso para almacenar. Pero, te lo digo ahora mismo: no necesitas comprar separadores ni nada por el estilo. Puedes solucionar tus problemas de almacenamiento con cosas que ya tienes en casa. El objeto más común que yo uso son cajas de zapatos vacías. He probado toda clase de productos, pero nunca he hallado algo que sea gratis y supere a la vieja caja de zapatos. Obtiene altas calificaciones en mis cinco criterios: tamaño, material, durabilidad, facilidad de uso y atractivo. Estos atributos tan bien equilibrados y su versatilidad son sus mayores méritos. Además, desde hace poco, los zapatos vienen en cajas con bonitos diseños. Cuando voy a casa de mis clientes, con frecuencia pregunto si tienen alguna caja de zapatos.

Estas cajas tienen usos infinitos. Yo suelo usarlas para guardar calcetines y medias dentro de las cajoneras. La altura de la caja de zapatos es perfecta para guardar verticalmente medias enrolladas. En el baño pueden usarse para guardar botellas de champú, acondicionador, etcétera, y también son perfectas para contener detergentes y otros artículos de limpieza. En la cocina pueden usarse para mantener juntos utensilios como bolsas de basura, trapos, etcétera. También las empleo para guardar moldes de pastel, platos de tarta y otros artículos de uso menos frecuente. Luego puedes guardar la caja en una repisa alta. Por alguna razón, mucha gente parece guardar sus moldes para hornear en bolsas de plástico, pero son mucho más fáciles de usar cuando se guardan en una caja de zapatos. Esta solución tan extremadamente fácil se ha hecho muy popular entre mis clientes. Me encanta cuando me dicen que usan el horno con más frecuencia desde que se reorganizaron.

La tapa de una caja de zapatos es poco profunda y sirve como bandeja. Puedes colocarla en la alacena para poner encima todos tus aceites y especias y así conservarla limpia. A diferencia de muchos forros para repisas, estas tapas no se resbalan y son mucho más fáciles de reponer. Si guardas utensilios como un cazo en los cajones de tu cocina, puedes usar la tapa de la caja para contenerlos. Esto evita que rueden y hagan ruido en el cajón cada vez que lo abres o lo cierras, y como también sirve de separador, podrás usar el espacio restante de manera más efectiva.

Claro que hay muchos otros tipos de cajas que pueden servir como objetos de almacenaje muy útiles. Los que yo uso con más frecuencia incluyen cajas de plástico para guardar mis tarjetas de visita y cualquier caja transparente con el tamaño y el diseño correcto para guardar cosas, así que si tienes alguna te recomiendo que no la tires. Son perfectas para guardar bolígrafos, lápices y otros utensilios para escribir. Otro artículo común son los recipientes de plástico extragrandes para comida, donde puedes guardar objetos pequeños en la cocina.

Básicamente, cualquier caja cuadrada o recipiente del tamaño correcto te servirá. Sin embargo, las cajas de cartón y las de electrodomésticos son demasiado grandes para utilizar como separadores, inconvenientes para guardar otro tipo de objetos, además de feas. Por favor, deshazte de ellas. Siempre que te topes con cajas que te puedan servir mientras seleccionas y guardas tus pertenencias, apártalas hasta que estés listo para guardar. Asegúrate de tirar todas las que queden cuando tu casa ya esté en orden. Nunca te aferres a ellas con la creencia de que podrías usarlas algún día.

No te recomiendo usar como separadores los recipientes redondos, en forma de corazón o con forma irregular, pues suelen desperdiciar espacio. Sin embargo, si una caja en particular te produce emoción, entonces la cosa cambia. Tirarla o quedártela solo porque te gusta sería un desperdicio, de modo que aquí debes seguir tu intuición y usarla para almacenar. Por ejemplo, usa esas cajas en una cajonera para guardar accesorios para el pelo, o bolas de algodón o un juego de costura. Crea tus propias combinaciones usando una caja vacía para ajustarse a algún objeto que requiera almacenamiento. El mejor método es experimentar y disfrutar durante el proceso.

Cuando mis clientes usan de este modo lo que ya tienen en casa, siempre descubren que poseen justo lo necesario para guardar sus cosas. No necesitan comprar otros artículos. Claro que hay varios productos fabulosos en el mercado. Pero de momento lo importante es terminar de poner en orden tu casa lo antes posible. En lugar de comprar algo que te ayude a arreglártelas ahora, espera hasta concluir el proceso completo, y entonces sí, date un tiempo para buscar artículos de almacenaje que de veras te gusten.

Lo mejor para guardar bolsos es otro bolso

Cuando los bolsos, las mochilas y otros tipos de bolsas no se usan, están vacíos. En cierto momento de este negocio se me ocurrió que eso era un gran desperdicio de espacio, sobre todo porque suelen guardarse en los sitios de almacenamiento principales. No solo ocupan más espacio porque no pueden doblarse, sino que suelen estar rellenos de papel de seda para que no se deformen. En los hogares japoneses, donde el espacio de almacenamiento es extremadamente limitado, esto me pareció un uso del espacio extravagante e imperdonable. Si además el papel empieza a deshacerse, esto solo empeora la situación.

Decidida a encontrar una solución, comencé a experimentar. Primero me deshice del papel. Después de todo, deshacerme de cosas que no me dan alegría es la clave de mi enfoque. Y luego probé a llenar el bolso con artículos que estuvieran fuera de temporada. En verano guardé bufandas y guantes, y en invierno, la ropa para nadar. Estaba encantada de haber encontrado una solución que pareció matar dos pájaros de un tiro. Pero al cabo de un año ya había abandonado este hábito. Aunque parecía una gran idea, en la práctica, sacar los objetos cada vez que quería usar un bolso de mano resultaba muy engorroso, y ya fuera, esos objetos se amontonaban en el armario.

Por supuesto, no me di por vencida. Seguí buscando algún tipo de relleno que no se hiciera trizas. Mi siguiente idea fue poner objetos pequeños en una bolsa de tela delgada antes de llenar el bolso de mano. Era fácil de sacar y la bolsa de tela lucía bien aun cuando estuviera expuesta en el armario. Me alegré por haber descubierto otra solución revolucionaria. Pero este método también tenía una desventaja. Ocultaba a la vista los artículos fuera de temporada que había dentro, y cuando llegó su momento me olvidé por completo de vaciar dos de las bolsas interiores. Un año después sí me acordé pero, para entonces, su contenido se veía muy deslucido. Esto me hizo pensar. Aunque mi política para la ropa y otros objetos es mantener a la vista incluso los artículos fuera de temporada, había cometido la torpeza de creer que recordaría sacar lo que no podía ver.

Vacié las bolsas de tela y liberé los objetos que había dentro, pero los bolsos de mano que los contenían se veían marchitos. Necesitaba algo para ayudarlos a conservar su forma, pero ciertamente no quería llenarlos con prendas de otra temporada, de las cuales probablemente me olvidaría. Sin saber qué hacer, decidí poner un bolso dentro de otro, solo mientras tanto. En realidad, esta pareció ser la solución perfecta. Al guardar bolsos dentro de otros bolsos reduje a la mitad el espacio de almacenamiento requerido y pude localizar dónde estaba cada uno dejando que las correas colgaran por fuera.

La clave es guardar juntos el mismo tipo de bolsos. Los juegos deben constar de bolsos hechos de materiales similares, por ejemplo, piel rígida o loneta, o bien de bolsos para ocasiones especiales, como bodas y funerales. Si los divides por material y/o por tipo de uso, solo necesitarás sacar un juego cada vez que necesites un bolso. Esto es mucho más fácil. Sin embargo, ten presente que no debes guardar demasiados bolsos dentro de uno solo. Mi regla de oro es guardar no más de dos bolsos en uno, y asegurarme de que no olvidaré lo que hay dentro. En el caso de las mochilas, que doblo hasta dejarlas muy compactas, recomiendo guardarlas todas las que quepan dentro de otra.

En resumen, la mejor manera de guardar bolsos, carteras y otras bolsas es hacer juegos según el material, el tamaño y la frecuencia de uso, y guardarlos uno dentro de otro, como cajas anidadas. Todas las correas y asas deben dejarse a la vista. Si el bolso utilizado para guardar otros vino en una bolsa, puedes guardar el juego ahí. Alinea estos juegos en tu armario o vestidor donde puedas verlos. El proceso de guardar bolsos dentro de otro bolso, de encontrar combinaciones correctas, es muy entretenido, como si armaras un rompecabezas. Cuando encuentres el par correcto, donde el bolso exterior e interior encajan tan bien que se sostienen uno a otro, es como presenciar un encuentro que estaba predestinado.

Vacía tu bolso todos los días

Hay algunas cosas que necesitas a diario, como el monedero, el billete de autobús o tren y la agenda. Muchas personas no le encuentran sentido a sacar estas cosas cuando llegan a casa porque volverán a usarlas al día siguiente, pero se equivocan. El propósito de un bolso o una mochila es llevar tus cosas cuando no estés en casa. Tú llenas tu bolso con las cosas que necesitas, como documentos, teléfono móvil y el monedero, y él las lleva sin quejarse aunque esté lleno a reventar. Cuando lo pones en el suelo no se queja, solo se esfuerza al máximo por ayudarte. ¡Eso es trabajar duro! Sería cruel no darle un respiro al menos en casa. Estar repleto todo el tiempo, aun cuando no lo usas, debe ser algo así como cuando uno se va a dormir con el estómago lleno. Si tú tratas así tus bolsos, pronto estarán agotados y desgastados.

Si no te has acostumbrado a vaciar tu bolso o tu mochila, es muy probable que dejes algo dentro cuando decidas usar otro bolso, y antes de que te percates, habrás olvidado lo que tenías en cada bolso. Incapaz de encontrar un bolígrafo o tu barra de labios, acabarás por comprarlos de nuevo. Los objetos más comunes que hallo en los bolsos de mis clientes cuando organizamos sus habitaciones son pañuelos de papel, monedas, recibos arrugados y chicles aplastados aún en su envoltura. Existe el riesgo real de que algunos accesorios importantes como las libretas de notas y otros documentos se mezclen con todo esto.

Insisto, vacía tu bolso todos los días. Esto no es tan molesto como parece. Solo necesitas hacerle un espacio a las cosas que hay dentro. Busca una caja y guarda ahí verticalmente tu billete de tren, credencial del trabajo y otros objetos importantes. Luego pon la caja tal cual dentro de una cajonera o armario. Cualquier caja puede servirte, pero si no puedes encontrar una del tamaño correcto, una caja de zapatos funcionará. O bien puedes hacer un hueco en una esquina de la cajonera y prescindir por completo de la caja. La apariencia es importante, así que si usas una caja, no dudes en buscar una que de verdad te guste. Uno de los mejores lugares para poner esa caja es encima de la cajonera que usas como espacio de almacenamiento, y será más útil si esta se encuentra cerca de donde guardas tu bolso.

Las cosas que están en el suelo van en el armario

Si tienes armarios o vestidores fijos, guarda ahí la mayoría de las cosas. Los armarios japoneses son espacios de almacenamiento ideales. Son profundos y amplios, están divididos en dos partes por una sólida repisa, y en la parte superior tienen un aparador que se empotra en la pared. Pero muchos no saben cómo aprovechar este espacio. Para quienes tienen armarios así, la mejor política es usarlos con plena confianza. No importa cuánto te esfuerces por diseñar algún artilugio para resolver tus problemas de espacio, el resultado final siempre será más difícil de usar que lo que ya tienes.

Ahora te explicaré el método básico para usar efectivamente un armario. Primero, como regla general, los artículos fuera de temporada deben guardarse en los lugares de más difícil acceso. Esto incluye adornos de Navidad, equipos de esquí o excursionismo, y otros artículos para estos deportes. También es el mejor sitio para los recuerdos grandes que no caben en una estantería, como los álbumes de fotos. Pero no los pongas en cajas de cartón. Mejor verticalmente frente al armario, como si fueran libros. De otro modo es improbable que vuelvas a verlos.

La ropa de diario debe guardarse en ese armario. Si la metes en contenedores de plástico transparente, te recomiendo usar cajoneras, no cajas. Tan pronto como guardas la ropa en una caja se hace muy difícil sacarla, y en la mayoría de los casos no te tomarás la molestia de sacarla aunque vuelva a estar en temporada. No olvides doblar y guardar verticalmente la ropa en los cajones.

La ropa de cama se guarda mejor en la repisa superior del armario, donde está menos expuesta a humedad y polvo. El espacio inferior puede usarse para guardar aparatos como ventiladores y calefactores cuando que no se usan. La mejor manera de usar un armario estilo japonés es pensar en él como si fuera una pequeña habitación y guardar las cosas dentro de cajones u otras unidades de almacenaje. Tuve una clienta que guardaba toda su ropa en el armario pero sin ordenarla. Cuando abrimos la puerta, aquello parecía un basurero y las prendas estaban hechas una pena.

Es mucho más eficiente guardar todos los contenedores de almacenaje dentro del armario. Ahí es donde suelo poner estanterías, o bien aparadores o repisas de aglomerado que cumplen la misma función. Asimismo, guardo en el armario cualquier objeto grande que ocupe espacio en el suelo (por ejemplo, portafolios, palos de golf, aparatos eléctricos o guitarras). Estoy segura de que muchos clientes no creían que podían guardar todas sus cosas en el armario, pero una vez que siguieron el método KonMari para seleccionar y desechar sus pertenencias, todo fue bastante sencillo.

Mantén despejados la bañera y el fregadero

¿Cuántas botellas de champú y acondicionador tienes por todo el baño? Quizá los diversos miembros de tu familia usan productos diferentes o tú tienes de varios tipos que usas según tu estado de ánimo o para tratamientos de una semana. Pero es una lata moverlos cuando limpias el baño. Si los dejas en el suelo de la ducha o en la orilla de la bañera, se vuelven resbaladizos. Para evitar esto, algunas personas usan una cesta de alambre como recipiente, pero según mi experiencia, esto solo empeora las cosas.

Una vez compré una cesta de estas lo bastante grande como para que cupieran todos los jabones, los champús e incluso las mascarillas que usa mi familia. Mi gusto por este artículo duró muy poco. Al principio lo secaba cada vez que usaba la bañera, pero muy pronto el acto de secar cada alambre se volvió una obligación para mí y empecé a hacerlo cada tres días, luego cada cinco y así hasta que me olvidé por completo de cuidarlo. Un día noté que la botella de champú tenía la base roja y resbaladiza. Al examinar el estante, lo vi tan cubierto de óxido que no soporté mirarlo. Casi llorando, froté el estante de alambre para limpiarlo y no mucho después lo deseché. Era demasiado problemático, y cada vez que entrara en la bañera y lo viera, me recordaría aquel asqueroso episodio del óxido. Entonces entendí que el baño es el espacio más húmedo de la casa, lo cual, obviamente, lo convierte en el lugar menos adecuado para guardar cosas.

No es necesario tener jabones y champús fuera cuando no los usamos y, además, la exposición adicional al calor y la humedad tiende a afectar su calidad. Por eso mantengo todo lejos de la bañera o la ducha. De todos modos, cualquier producto para baño debe secarse después de usarse, así que tiene mucho más sentido secar con nuestra toalla de baño los pocos artículos que usemos y guardarlos en el armario. Aunque quizá esto parezca más laborioso en principio, en realidad lo es menos. Es mucho más rápido y fácil limpiar la bañera o la ducha sin estos objetos obstruyendo el espacio, y además se acumulará menos porquería.

Lo mismo ocurre con la zona del fregadero de la cocina. ¿Dejas la bayeta y el estropajo junto al fregadero? Yo los guardo abajo. El secreto es asegurarse de que la bayeta esté totalmente seca. Mucha gente la deja en un estante de alambre con ventosas que se adhiere al fregadero. Si es tu caso, te recomiendo que la quites de ahí de inmediato. No podrá secarse si se salpica de agua cada vez que usas el fregadero y muy pronto empezará a oler mal. Para evitar esto, escurre bien la bayeta después de usarla y deja que se seque. Puedes usar pinzas de la ropa para colgarla en el tendedero o ponerla en una barra. Si es posible, recomiendo colgar las bayetas en el exterior, por ejemplo en la terraza o el patio.

Yo pongo a secar no solo las bayetas, sino también las tablas de picar, coladores y cacharros en mi porche. La luz del sol es un buen desinfectante, y mi cocina siempre luce muy pulcra y no se ven cacharros por medio. Cuando los lavo, pongo todos los cacharros en un cuenco o escurridor grande y los dejo secar en el porche. Puedo lavarlos por la mañana y dejarlos fuera. Dependerá del clima y de la zona donde vivas para que este método sea el adecuado.

¿Dónde guardas el aceite, la sal, la pimienta, la salsa de soja y demás condimentos? Mucha gente lo hace junto a los fogones porque quiere tenerlos a mano. Si es tu caso, espero que los rescates ahora mismo. Por un lado, la encimera de la cocina es para cocinar, no para guardar cosas. En particular, el espacio de la encimera al fuego está expuesto a salpicaduras de comida y aceite, y las especias que se guardan ahí suelen quedar pegajosas por la grasa. Las hileras de botellas en esta zona también dificultan mucho mantener limpia la encimera y siempre estarán cubiertas de una capa de aceite. Los estantes y muebles de la cocina suelen estar diseñados para guardar condimentos y especias, así que guárdalos donde les corresponde. Es frecuente que haya junto al horno una cajonera o un armario que puedas usar.

Decora tu armario con tus cosas favoritas

"¡No abras eso, por favor!". Esta es una frase muy común. Mis clientes suelen tener algún cajón, caja o armario que no quieren mostrarme. Todos tenemos cosas que preferiríamos no enseñar a nadie y que, sin embargo, creemos que son importantes. Algunas de las más comunes son los pósteres de ídolos musicales y demás parafernalia, así como libros de pasatiempos. Los pósteres suelen yacer enrollados en el fondo del armario y los CD en una caja. Pero esto es un desperdicio. Tu habitación al menos debería ser el lugar donde puedas buscar y disfrutar de tus aficiones a tus anchas. Así que, si algo te gusta, no lo escondas. Si quieres disfrutarlo pero no quieres que tus amigos u otras personas se enteren, yo tengo una solución. Transforma tu espacio de almacenamiento en tu propio espacio privado, uno que te proporcione mucha emoción. Usa estos tesoros para decorar la pared del fondo de tu armario, detrás de tu ropa o en la parte interior de la puerta.

Decora tu vestidor con cualquier cosa, sea privada o no. Carteles, fotos, adornos, cualquier cosa. No hay límites para decorar tu espacio de almacenamiento. Nadie se quejará porque nadie lo verá. Ese espacio es tu paraíso privado, así que personalízalo al máximo.

Quita de inmediato el envoltorio y la etiqueta a la ropa nueva

Una de tantas cosas que me asombra cuando ayudo a mis clientes a organizar es la cantidad de cosas que aún están envueltas. Puedo entender que se guarden alimentos y productos sanitarios dentro de su caja, pero ¿por qué la gente guarda calcetines y ropa interior en la cajonera sin sacarla de su envoltorio? Así ocupan más espacio y es más fácil olvidarse de ellas.

A mi padre le gustaba acumular calcetines. Cada vez que iba al supermercado compraba calcetines grises o negros para usarlos con sus trajes y los guardaba en el cajón, todavía envueltos. Los suéteres grises era otra cosa que le gustaba tener a mano, y a menudo me los encontraba en el fondo del armario en sus fundas de plástico. Siempre sentí un poco de lástima por esa ropa. Creía que ese hábito era exclusivo de mi padre, pero cuando empecé a visitar casas de clientes me di cuenta de que hay mucha gente como él. Las colecciones suelen consistir en algo que el cliente usa con regularidad, y lo más común son calcetines, ropa interior y medias. Lo que todos tienen en común es que poseen más cosas de las que necesitan. Me quedé muy sorprendida al descubrir que compran más de un mismo producto antes de estrenar el anterior. Quizá el envoltorio original entorpece el sentido de propiedad de la persona. Por ejemplo, el número récord de medias descubiertas en casa de una clienta fue de 82 pares. Todas empaquetadas, llenaban una caja de plástico.

Claro que, cuando compras algo, lo más fácil es guardarlo en el cajón tal como viene. Y quizá haya algo de placentero en quitarle el envoltorio cuando lo estrenas. Pero la única diferencia que hay entre los bienes empaquetados de tu cajón y los de la tienda es el lugar donde están guardados. La gente suele suponer que es más barato comprar cosas en oferta. Pero yo creo que es todo lo contrario. Si consideras el coste del almacenamiento, resulta igual de económico dejar esas cosas en la tienda, no en tu casa. Además, si las compras y usas conforme las necesitas, estarán más nuevas y en mejores condiciones. Por eso te exhorto a dejar de abastecerte de más. Compra solo lo que necesites, quítale el envoltorio y guárdalo en su sitio. Si ya tienes una larga provisión de cosas, al menos quítales el envoltorio. Dejarlas así las perjudica.

El objeto que más a menudo se deja en su envoltorio son las medias. Cuando se lo quites, saca también el cartón interior rígido. No necesitarás eso en casa. Las medias ocuparán un 25 por ciento menos de espacio desempaquetadas y dobladas. Así es mucho más probable que las uses porque te será más fácil acceder a ellas. Creo que solo cuando sacas algo de su envoltorio puedes considerarlo tuyo.

Algo parecido ocurre con la ropa que aún tiene sus etiquetas. A menudo encuentro faldas o suéteres que aún llevan la etiqueta del precio o la marca. En la mayoría de los casos, el cliente se ha olvidado de que existen y parece sorprendido de verlos, a pesar de que estos objetos han estado colgados a la vista en su armario. Durante mucho tiempo me pregunté qué hace invisibles a esas prendas. Decidida a encontrar una explicación, observé la sección de ropa de varios centros comerciales.

Después de continuar mi investigación cierto tiempo, me di cuenta de que había una diferencia notable entre la ropa de nuestro armario y la que cuelga del perchero de una tienda. Esta tiene un aura muy distinta a la de la ropa que usamos a diario. Destila cierta pulcritud y distinción, y la ropa que aún tiene la etiqueta conserva esa distinción. Así es como yo lo veo. La ropa de una tienda es un producto y la de casa es posesión personal. La ropa que aún lleva su etiqueta no la has hecho tuya y por eso no te "pertenece". Eclipsada por el aura de nuestra ropa "legítima", pasa más inadvertida. No es de extrañar que la ignoremos y acabemos por olvidarla mientras revisamos nuestro armario.

A algunas personas les preocupa que si le quitan la etiqueta su valor se quede en nada si alguna vez la llevan a una tienda de segunda mano, pero eso es una contradicción. Si vas a comprar ropa, elígela con la intención de acogerla en tu casa y cuidar de ella. Cuando la compres, retírale las etiquetas de inmediato. Para que tu ropa haga su transición de producto de tienda a posesión personal, necesitas efectuar el ritual de cortarle el "cordón umbilical" que la une a la tienda.

No subestimes el "ruido" de la información escrita

Mis alumnos avanzados suelen exigir un mayor nivel de comodidad en sus espacios cuando ya han resuelto problemas de poseer demasiados artículos de almacenaje. A primera vista, las casas de algunos clientes están tan ordenadas que no parecen necesitar mi ayuda.

Una de esas clientas tenía treinta y tantos años y vivía con su marido y su hija de seis años. No tenía problemas para desechar cosas, y durante nuestra primera lección se deshizo de 200 libros y 32 bolsas de cosas. Ella era, básicamente, un ama de casa que pasaba el tiempo cuidando su hogar, organizaba tés para otras mujeres con hijos dos veces al mes y recibía clases de arreglo floral en casa también dos veces al mes. Tenía visitas frecuentes y era bastante consciente de tener que mantener su casa ordenada para no sentirse avergonzada si recibía visitas por sorpresa. Vivía en una casa de dos habitaciones en la que el comedor comunicaba con la cocina, y sus pertenencias cabían a la perfección en los armarios fijos y dos estantes metálicos que llegaban a la altura de la cabeza. Los suelos de madera estaban despejados y bien pulidos. Sus amigos se preguntaban cómo podía ser más ordenada que yo, pero ella aún no estaba satisfecha.

—Nosotros no tenemos muchas cosas, pero por alguna razón no estoy tranquila. Siento que aún hay un paso que dar.

Cuando visité su casa estaba ordenada pero, tal como ella decía, algo no cuadraba bien. Lo primero que hago en momentos así es abrir las puertas de todos los espacios de almacenamiento. Al abrir el armario principal encontré lo que me temía. Unas etiquetas que decían: "¡Grandes soluciones de almacenaje!", pegadas en las cajoneras de plástico transparente, y unos paquetes de ambientadores llevaban el letrero: "¡Refresca el aire al instante!", y en las cajas de cartón decía: "Naranjas Iyo". Dondequiera que mirara, las palabras saltaban a los ojos. Ese era el último "paso" que buscaba mi clienta. Una avalancha de información siempre que abres la puerta de un armario te hace sentir que el cuarto es "ruidoso". Sobre todo si las palabras están en tu propia lengua, obstruyen tu línea de visión y tu cerebro las trata como información que ordenar. Esto crea una conmoción en la mente.

En el caso de mi clienta, cada vez que ella quería elegir su ropa era asaltada por mensajes como "Naranjas Iyo" o "¡Refresca el aire al instante!", casi como si alguien se las susurrara al oído. Por alguna extraña razón, cerrar el armario no oculta ese mar de información. Las palabras se convierten en estática que llena el aire. Según mi experiencia, los espacios de almacenamiento en las casas que percibo como "ruidosas", aunque parezcan muy ordenadas en la superficie, suelen estar repletas de información innecesaria. Cuanto más ordenada la casa y más escasos los muebles, más fuerte se siente esta información. Así que empieza por retirar las pegatinas de los artículos de almacenaje. Esto es absolutamente esencial, lo mismo que cuando retiras las etiquetas de la ropa nueva para acogerla como pertenencia personal. Arranca todas las pegatinas que no quieras ver, como las de desodorantes y detergentes. Los espacios que no están a la vista también forman parte de tu casa. Al eliminar el exceso de información visual que no te inspira alegría, puedes hacer que tu espacio sea más pacífico y cómodo. La diferencia que marca esto es tan asombrosa que sería un desperdicio no intentarlo.

Aprecia tus posesiones

Una de las tareas que enseño a mis clientes es a apreciar sus posesiones. Por ejemplo, los exhorto a decir: "Gracias por darme calor todo el día", cuando cuelgan su ropa al regresar a casa. O cuando guardan sus accesorios, les sugiero que les digan: "Gracias por darme belleza". Y cuando dejan su bolso en el armario: "Gracias a ti he conseguido hacer mucho trabajo hoy". Exprésale tu aprecio a cada objeto que te ha sido útil durante el día. Si te cuesta trabajo hacerlo a diario, hazlo siempre que puedas.

Empecé a tratar a mis cosas como si estuvieran vivas cuando estaba en el instituto. Tenía mi propio teléfono móvil. Aunque la pantalla aún era monocromática, me encantaba su diseño compacto y su color azul pálido. No era una usuaria adicta, pero me gustaba tanto mi teléfono que me salté las normas y me lo guardé en el bolsillo de mi uniforme todos los días. Lo sacaba ocasionalmente para admirarlo y sonreía sola. La tecnología progresó y todo el mundo adquirió móviles con pantallas en color. Y me aferré a mi modelo anacrónico lo más que pude, pero acabó por rayarse y desgastarse, y tuve que reemplazarlo. Cuando conseguí el nuevo, se me ocurrió escribir un mensaje de texto para el antiguo. Era mi primer cambio de móvil y quizá yo estaba muy sentimental. Después de pensar un momento, escribí el sencillo mensaje: "Gracias por todo", y le añadí un emoticono con un corazón. Luego le di a Enviar. Mi viejo teléfono sonó de inmediato y revisé los mensajes. Por supuesto, se trataba del texto que acababa de enviar. "Genial. Te llegó mi mensaje. Tenía muchas ganas de agradecerte todo lo que has hecho", le dije a mi viejo teléfono. Luego lo cerré con un chasquido.

Unos minutos después volví a abrir mi viejo móvil y me sorprendió ver que la pantalla estaba en blanco. No importaba qué botón oprimiera, la pantalla no respondía. Mi teléfono, que nunca se había averiado desde el primer día que lo tuve, había muerto tras recibir mi mensaje. Nunca volvió a funcionar. Fue como si, al darse cuenta de que ya había hecho su trabajo, renunciara a su puesto voluntariamente. Claro que conozco personas a las que les cuesta trabajo creer que los objetos inanimados responden a las emociones humanas, y en verdad esto bien pudo haber sido una coincidencia.

Sin embargo, a menudo me entero de atletas que cuidan con cariño su equipo deportivo y lo tratan como si fuera sagrado. Creo que ellos perciben instintivamente el poder de esos objetos. Si tratáramos todas las cosas que usamos a diario –ordenador, bolso, lápices o bolígrafos– con el mismo cuidado que los atletas brindan a su equipo, podríamos incrementar considerablemente el número de "simpatizantes" con los que contamos en nuestra vida. El acto de poseer es una parte muy natural de nuestra vida cotidiana, no algo reservado para algún partido o torneo especial.

Aunque no nos demos cuenta, nuestras posesiones trabajan duro para nosotros, y desempeñan su papel para ayudarnos en nuestra vida. Así como a nosotros nos gusta llegar a casa y relajarnos tras una jornada laboral, nuestras cosas suspiran de alivio cuando regresan al lugar que les corresponde. ¿Alguna vez has pensado en lo que sería no tener un domicilio fijo? Nuestra vida sería muy incierta. Y precisamente tener un hogar al cual regresar nos permite salir a trabajar, salir de compras o interactuar con los demás. Lo mismo ocurre con nuestras posesiones. Es importante darles la seguridad de que tienen un lugar al cual regresar. Tú puedes ver la diferencia. Las cosas con un lugar propio al cual vuelven para descansar están más vivas.

Cuando mis clientes ya han aprendido a tratar su ropa con respeto siempre me dicen: "La ropa me dura más. Mis suéteres no se llenan tanto de pelusa y tampoco les derramo tantas cosas encima". Esto sugiere que cuidar tus cosas es la mejor manera de motivarlas para que te ayuden a ti, su dueño. Cuando tratas bien tus pertenencias, siempre te responderán. Por esta razón, de vez en cuando me doy tiempo para preguntarme si el espacio de almacenamiento reservado para ellas las hará felices. Después de todo, el almacenamiento es el acto sagrado de elegir un hogar para mis posesiones.

CAPÍTULO CINCO

La magia de la organización transforma drásticamente tu vida

Pon en orden tu casa y descubre
lo que quieres hacer

En Japón, la imagen de un jefe de grupo es alguien popular, con cualidades de liderazgo y gusto por sobresalir; usamos la expresión tipo "jefe de grupo" para describir a quien tenga esos rasgos. Por el contrario, yo soy del tipo "organizador", un excéntrico que trabaja en silencio y sin estorbar en una esquina de la clase organizando los estantes. Digo esto de manera literal y bastante en serio.

La primera labor oficial que se me asignó en la escuela fue la de "organizar". Recuerdo vívidamente aquel día. Todo el mundo competía por actividades tales como dar de comer a las mascotas de la escuela o regar las plantas, pero cuando la maestra dijo: "¿Quién quiere hacerse cargo de organizar y limpiar la clase?", solo yo levanté la mano, y lo hice con gran entusiasmo. Si miro hacia atrás, mis genes organizadores ya estaban activados, incluso a esa edad tan temprana. Ya he mencionado en capítulos anteriores cómo pasaba mis días en la escuela, organizando feliz y confiada el aula, los casilleros y las estanterías.

Cuando cuento esta historia, la gente suele decir: "Tienes mucha suerte de haber sabido desde tan joven lo que te gustaba. Qué envidia. Yo no tengo ni idea de qué me gustaría hacer...". Pero, en realidad, hasta hace muy poco no me percaté de cuánto me gusta organizar. Aunque dedico casi todo mi tiempo a actividades relacionadas con organizar, ya sea impartiendo clases a domicilio o dando conferencias, cuando era joven mi sueño era casarme. Organizar era una parte tan integral de mi vida cotidiana que no fue hasta el día en que abrí mi propio negocio cuando me di cuenta de que podría ser mi profesión. Cuando la gente me preguntaba qué me gustaba hacer, yo dudaba y luego respondía con desesperación: "Leer libros", mientras me preguntaba: "¿Qué me gusta hacer?". Había olvidado por completo el papel de organizadora del aula que me asignaron en la escuela. Quince años después tuve una regresión súbita mientras organizaba mi habitación. En mi mente pude ver que mi maestra escribía mi nombre en la pizarra y me sorprendí al darme cuenta de que yo me había interesado por esta actividad desde muy joven.

Ahora tú, recuerda cuando estabas en la escuela y las cosas que te gustaba hacer. Quizá eras responsable de dar de comer a las mascotas o tal vez te gustaba dibujar. Sea lo que haya sido, es muy probable que se relacione de algún modo con algo que haces ahora como parte natural de tu vida, aunque no lo hagas de la misma manera. En esencia, las cosas que de verdad nos gustan no cambian con el tiempo. Poner tu casa en orden es una gran manera de descubrir esas cosas.

Una de mis clientas ha sido buena amiga mía desde la universidad. Aunque trabajó para una empresa de tecnología de la información después de licenciarse, descubrió qué le gustaba cuando organizó su casa. Cuando terminamos de ponerla en orden, miró su estantería, que solo contenía los libros que la cautivaban, y se dio cuenta de que todos los títulos se relacionaban con el bienestar social. Los diversos libros que compró para estudiar inglés y afinar sus habilidades de oficina los desechó, mientras que los de bienestar social, comprados desde que estaba en secundaria, los conservaba. Al mirarlos, recordó el trabajo voluntario que hizo como niñera años antes de entrar a la empresa. De repente se dio cuenta de que quería contribuir a construir una sociedad donde las madres pudieran trabajar sin agobiarse por sus hijos. Consciente por primera vez de su pasión, pasó el año posterior a mi curso estudiando y preparándose. Luego renunció a su trabajo y abrió un negocio de niñeras. Ahora tiene muchos clientes que dependen de sus servicios y disfruta cada día al máximo mientras explora cómo mejorar su negocio.

"Cuando puse mi casa en orden, descubrí lo que de verdad quería hacer". Estas son palabras que a menudo dicen mis clientes. Para la mayoría, la experiencia de organizar hace que se apasionen más por su trabajo. Algunos abren sus propios negocios, otros cambian de trabajo y otros se interesan más por su profesión actual. También se apasionan por sus otras aficiones, su hogar y su vida familiar. La conciencia de lo que les gusta aumenta de manera natural y, como resultado, la vida cotidiana se vuelve más interesante.

Aunque podemos llegar a conocernos mejor si nos sentamos y analizamos nuestras características o escuchamos las perspectivas de otros sobre nosotros, creo que la mejor manera es la organización. Después de todo, nuestras pertenencias relatan con gran fidelidad la historia de las decisiones que hemos tomado en la vida. Organizar es una manera de revisar las cosas que nos muestran lo que de verdad nos gusta.

El efecto mágico de la organización transforma drásticamente nuestra vida

"Hasta ahora creía que era importante hacer cosas que añadieran algo a mi vida, así que me apunté a seminarios y estudié para incrementar mis conocimientos. Pero por medio de tu curso para ordenar mi espacio me he dado cuenta por primera vez de que soltar cosas es aún más importante que añadirlas".

Este comentario es de una clienta de treinta y tantos años a quien le encantaba estudiar y formó una amplia red de contactos. Su vida cambió drásticamente después de hacer mi curso. El objeto del que menos quería desprenderse era su enorme colección de apuntes y materiales de clase, pero cuando la desechó, sintió como si le hubieran quitado un gran peso de encima. Tras deshacerse de casi 500 libros que pensaba leer "algún día", descubrió que a diario recibía nueva información. Y cuando tiró su enorme pila de cartas de presentación, las personas que quiso conocer empezaron a llamarla y se encontró con ellas de manera natural. Aunque ella ya se había interesado en la espiritualidad, cuando el curso concluyó, dijo con satisfacción: "La organización es mucho más efectiva que el *feng shui*, las piedras energéticas y otros productos espirituales". Desde entonces, adoptó una nueva vida, renunció a su trabajo y encontró quien publicara su libro.

La organización cambia drásticamente la vida propia. Esto ocurre con el cien por cien de los que la practican. Este impacto, al que llamo "la magia de la organización", es fenomenal. A veces pregunto a mis clientes cómo cambió su vida tras hacer el curso. Aunque ya me he acostumbrado a sus respuestas, al principio me sorprendía. Sin excepción, la vida de quienes organizan sus espacios de manera completa, profunda y de un solo tirón cambia drásticamente.

La clienta que acabo de mencionar había sido un desastre toda su vida. Cuando su madre vio que su habitación estaba ordenada, se quedó tan impresionada que también se inscribió a mi curso. Aunque ella se consideraba una persona ordenada, después de ver la habitación de su hija se convenció de que no lo era. Le gustó tanto deshacerse de cosas que no se arrepintió de prescindir de un juego de té ceremonial que le había costado muchísimo dinero, y esperaba con ansia los días para tirar más cosas.

"Antes no tenía confianza. Seguía pensando que necesitaba cambiar, que debería ser diferente, pero ahora no puedo creer lo bien que me siento con mi manera de ser. Al obtener un criterio claro para juzgar las cosas, he ganado mucha confianza en mí misma". Como puedes ver en su testimonio, uno de los efectos mágicos de la organización es la confianza en tu capacidad para tomar decisiones. Organizar significa coger cada objeto con la mano, preguntarte si te inspira alegría y decidir si lo conservas o no. Al repetir este proceso cientos de miles de veces, afinamos de manera natural nuestras habilidades para tomar decisiones. La gente que no confía en su propio juicio carece de confianza en sí misma. Alguna vez a mí también me faltó confianza. Lo que me salvó fue la organización.

Cómo ganar confianza en la vida
mediante la magia de la organización

He llegado a la conclusión de que mi pasión por organizar fue motivada por el deseo de que me reconocieran mis padres y un complejo relacionado con mi madre. Al ser la segunda de tres hermanos, no recibí mucha atención de mis padres después de cumplir tres años. Por supuesto, esto no fue intencionado, pero al estar en medio de mi hermano mayor y mi hermana menor, no pude evitar sentirme así.

Mi interés en las labores del hogar y la organización comenzaron cuando yo tenía unos cinco años y creo que, a mi manera, trataba de no dar problemas a mis padres. Era evidente que estaban ocupados cuidando a mis otros dos hermanos. También fui consciente a muy temprana edad de la necesidad de no depender de otras personas. Y, por supuesto, quería que mis padres me elogiaran y me prestaran atención.

Desde que empecé a ir a la escuela, usé un despertador para levantarme antes que los demás. No me gustaba depender de otros, me costaba trabajo confiar en ellos y era muy inepta para expresar mis sentimientos. Como yo me pasaba sola los recreos ordenando cosas, podrás imaginar que no era una niña muy extrovertida. Me gustaba pasear sola por la escuela y aún hay cosas que prefiero hacer sola, como viajar e ir de compras. Esto se me da bien de manera natural.

Como era mala para crear vínculos de confianza con la gente, los tenía inusitadamente fuertes con las cosas. Creo que, precisamente porque no me sentía a gusto exponiendo mis debilidades o mis verdaderos sentimientos a otras personas, mi habitación y las cosas que ahí había se volvieron tan preciosas para mí. No tenía que fingir ni ocultar nada frente a ellas. Fueron las cosas materiales y mi casa las primeras que me enseñaron a apreciar el amor incondicional, no mis padres o mis amigos. Para ser sincera, aún no tengo mucha seguridad en mí misma. Hay veces que me siento muy desanimada por mis deficiencias.

Sin embargo, sí confío en mi entorno. Aunque las cosas que poseo, la ropa que me pongo, la casa donde vivo y la gente que hay en mi vida –mi entorno visto como un todo– no le parezcan particularmente especiales a nadie más, yo me siento confiada y extremadamente agradecida de estar rodeada por lo que amo, por cosas y personas que son para mí, todas y cada una, preciosas y muy queridas. Todas ellas me dan la confianza de que estaré bien. Quiero ayudar a otros que se han sentido como yo me sentía, que carecen de confianza en sí mismos y les cuesta trabajo abrir su corazón a otras personas, a que vean cuánto apoyo reciben del espacio donde viven y las cosas que los rodean. Por esta razón dedico mi tiempo a visitar los hogares de otras personas y les enseño a organizar.

Apego al pasado o ansiedad por el futuro

"Desecha todo lo que no te inspire alegría". Si ya has probado este método, aunque sea un poco, a estas alturas te habrás dado cuenta de que no es difícil identificar lo que te da alegría. Tan pronto como lo tocas, ya sabes la respuesta. Es mucho más difícil decidir cómo desechar algo. Encontramos toda clase de razones para no hacerlo, como: "No uso esta olla en todo el año, pero quién sabe, tal vez llegue a necesitarla alguna vez...", o "El collar que me regaló mi novio me gustaba entonces...". Pero si indagamos las razones de por qué no nos desprendemos de algo, solo encontramos dos: apego al pasado o ansiedad por el futuro.

Durante el proceso de selección, si te topas con algo que no te inspira alegría pero no te atreves a desecharlo, detente un momento y pregúntate: "¿Tengo problemas para deshacerme de esto porque me apego al pasado o porque le temo al futuro?". Hazte esta pregunta en relación con cada uno de esos objetos. A medida que lo hagas, empezarás a ver un patrón en tu manera de poseer las cosas que pertenece a una de estas tres categorías: apego al pasado, deseo de estabilidad en el futuro o una combinación de los dos. Es importante que entiendas tu patrón de posesión porque es una expresión de los valores que guían tu vida. La pregunta de qué quieres poseer es la pregunta de cómo quieres vivir tu vida. El apego al pasado y los miedos relacionados con el futuro gobiernan no solo la manera en que seleccionas las cosas que posees, representan el criterio con el cual tomas decisiones en cada aspecto de tu vida, incluidas tus relaciones con la gente y tu trabajo.

Por ejemplo, cuando una mujer con mucha ansiedad por el futuro elige a un hombre, es poco probable que seleccione a alguien porque le gusta y disfruta de su compañía. Podría elegir a alguien porque la relación le parece ventajosa o teme que si no lo elige, tal vez no encuentre a nadie más. En cuanto a las elecciones de carrera, el mismo tipo de persona tenderá a elegir una empresa grande porque le dará mayores opciones en el futuro, o a esforzarse por obtener determinados títulos como garantía, más que porque de veras le guste el trabajo y quiera dedicarse a eso. Por otro lado, a una persona con un fuerte apego al pasado se le dificultará iniciar una nueva relación porque no puede olvidar a la pareja con quien rompió dos años antes. También le costará trabajo probar métodos nuevos aun cuando su método actual no sea efectivo porque las cosas han cambiado.

Cuando uno u otro de estos patrones nos dificultan deshacernos de cosas, no podemos ver lo que de verdad necesitamos ahora, en este momento. No estamos seguros de qué nos satisfaría o qué buscamos. Como resultado, incrementamos nuestras posesiones innecesarias, nos enterramos física y mentalmente bajo cosas superfluas. La mejor manera de descubrir lo que realmente necesitamos es deshacernos de lo que no necesitamos. Ya no necesitarás emprender búsquedas en lugares lejanos ni hacer compras compulsivas. Lo que debes hacer es eliminar lo innecesario y evaluar cada una de tus posesiones.

El proceso para seleccionar nuestras pertenencias puede resultar bastante doloroso. Nos fuerza a enfrentarnos a nuestras imperfecciones y deficiencias, así como a las decisiones tontas del pasado. Muchas veces, cuando me enfrenté a mi pasado durante el proceso de organización, me sentí muy avergonzada. Mi colección de gomas perfumadas de la escuela, los artículos de *anime* que coleccionaba en la secundaria, la ropa que compré en el instituto para parecer adulta y que no me quedaba bien en absoluto, los bolsos innecesarios que compré solo porque se veían bien en la tienda. Las cosas que poseemos son reales. Existen aquí y ahora como resultado de las decisiones que nadie sino nosotros tomamos en el pasado. Está mal ignorarlas o desecharlas indiscriminadamente como si negáramos las elecciones que hicimos. Por eso estoy en contra tanto de dejar que las cosas se amontonen como de tirarlas sin la consideración apropiada. Solo cuando evaluamos las que poseemos una por una y experimentamos las emociones que evocan es cuando de verdad podemos apreciar nuestra relación con ellas.

Hay tres posturas que podemos tomar respecto a nuestras posesiones: enfrentarnos a ellas ahora, enfrentarnos a ellas en algún momento o evitarlas hasta que muramos. La decisión es nuestra. Personalmente, creo que es mucho mejor enfrentarnos a ellas ahora. Si reconocemos nuestro apego al pasado y nuestros miedos por el futuro al mirar con honestidad nuestras posesiones, seremos capaces de ver lo realmente importante. A su vez, este proceso nos ayuda a identificar nuestros valores y reduce nuestras dudas y confusiones al tomar decisiones en nuestra vida. Si confiamos en nuestras decisiones y nos lanzamos con entusiasmo a la acción sin dudar, lograremos mucho más. Dicho de otro modo, cuanto más pronto evaluemos nuestras posesiones, mejor. Si vas a poner tu casa en orden, hazlo ahora.

Cómo aprender qué puedes hacer sin

Una vez que la gente ha organizado su casa, genera una bolsa tras otra de basura. He oído que muchas personas que asisten a mis cursos comparan entre ellas cuántas bolsas de basura han tirado o cuántas se produjeron en su casa. Hasta ahora, el número récord de bolsas lo tiene una pareja que tiró 200 y otros 10 objetos demasiado grandes para ponerlos en una bolsa de basura. La mayoría de la gente se ríe cuando oye esto e imagina que, seguramente, esta pareja tiene una casa muy grande con mucho espacio de almacenamiento, pero se equivocan. Vivían en una casa común y corriente de dos pisos y cuatro habitaciones. Tenía una superficie total ligeramente más grande que la de muchos hogares japoneses porque también tenía ático, pero la diferencia en espacio no era considerable. Aunque parecía haber muchas cosas a la vista, no tenían tantos objetos innecesarios. En otras palabras, cualquier casa tiene el potencial para producir el mismo volumen.

Cuando hago que mis clientes seleccionen y desechen sus pertenencias, no me detengo a mitad del camino. La cantidad media que desecha una sola persona es de 20 a 30 bolsas de 45 kilos cada una, mientras una familia de tres desecha cerca de 70 bolsas. La suma total de todos los objetos excede el número de bolsas, y el número de objetos individuales desechados deben superar el millón. Sin embargo, a pesar de la drástica reducción de sus pertenencias, nadie se ha quejado de que les haya dicho que tiraran algo. La razón es muy clara: desechar las cosas que no te inspiran alegría no produce ningún efecto adverso. Cuando terminan de organizar, todos mis clientes se quedan sorprendidos de que no surja ningún inconveniente en su vida diaria. Es un poderoso recordatorio de que ellos han vivido todo este tiempo rodeados de cosas que no necesitan. No hay excepción. Incluso los clientes que se quedan con menos de una quinta parte de sus pertenencias sienten lo mismo.

Por supuesto, no digo que mis clientes nunca se hayan arrepentido de tirar algo. En absoluto. Deberás esperar que esto ocurra al menos tres veces durante el proceso de organización, pero no dejes que esto te preocupe. Aunque se hayan arrepentido de tirar algo, nunca se quejan. Ya han aprendido, por medio de la experiencia, que cualquier problema causado por la falta de algo se soluciona por medio de la acción. Cuando relatan la experiencia de haber desechado algo que no debieron tirar, todos lo hacen con muy buen humor. La mayoría de ellos se ríe y dice: "Por un momento, pensé que tenía un problema, pero luego me di cuenta de que no era algo que pusiera en riesgo mi vida". Esta actitud no parece derivarse de una personalidad optimista y tampoco significa que fueran indiferentes ante la pérdida de algo. Más bien muestra que, al seleccionar qué desechar, cambiaron de mentalidad.

Por ejemplo, ¿qué pasa si necesitan el contenido de un documento que desecharon hace tiempo? En primer lugar, como redujeron los documentos que poseen, podrán confirmar enseguida que no lo tienen sin hacer una búsqueda exhaustiva. El hecho de que no necesiten buscar es ya de por sí un alivio del estrés. Una de las razones de que el desorden nos desgaste tanto es que debemos buscar exhaustivamente algo solo para saber si aún lo tenemos, y muchas veces, no importa cuánto busquemos, no encontramos lo que buscamos. Cuando hemos reducido la cantidad que poseemos y hemos guardado nuestros documentos en el mismo lugar, con un vistazo verificamos si lo tenemos o no. Si ya no está, cambiamos de táctica y pensamos qué hacer. Podemos preguntar a algún conocido, llamar al trabajo o buscar la información nosotros mismos. Cuando encontramos la solución, no tenemos más opción que actuar. Y cuando lo hacemos, notamos que el problema suele ser sorprendentemente fácil de resolver.

En lugar de sufrir por el estrés de buscar y no encontrar, emprendemos acciones que suelen llevarnos a beneficios inesperados. Cuando buscamos lo que necesitamos en otras partes, descubrimos nueva información. Si preguntamos a algún amigo, afianzamos esa relación o él nos presenta a alguien versado en ese campo. Tener varias experiencias así nos enseña que, si actuamos, obtendremos la información necesaria cuando la busquemos. La vida se vuelve mucho más fácil cuando sabes que las cosas aún funcionan a pesar de faltarte algo.

Hay otra razón por la que mis clientes nunca se quejan por desechar cosas, y es la más significativa. Como han seguido identificando y desechando cosas que no necesitan, ya no delegan la responsabilidad en otras personas. Cuando surge un problema, no buscan una causa exterior o una persona a quien culpar. Ahora ellos toman sus propias decisiones y son conscientes de que lo importante es considerar qué acción emprender en cualquier situación. Seleccionar y desechar las propias pertenencias es un proceso continuo de decisiones basado en los valores propios. El acto de desechar afina nuestras habilidades para tomar decisiones. ¿Acaso conservar por conservar no nos hace desperdiciar la oportunidad de desarrollar esta habilidad? Cuando visito las casas de mis clientes, nunca desecho nada. Si yo eligiera por ellos, no tendría sentido la organización. Cuando uno pone en orden su propia casa es cuando cambia su propia mentalidad.

¿Saludas a tu casa?

Lo primero que hago cuando visito la casa de un cliente es saludar su casa. Me arrodillo formalmente sobre el suelo en el centro de la casa y le hablo mentalmente. Tras presentarme brevemente, decirle mi nombre, dirección y ocupación, le pido ayuda para crear un espacio donde la familia disfrute una vida más feliz. Luego le hago una reverencia. Es un ritual silencioso que dura un par de minutos pero hace que algunos clientes me miren con extrañeza.

Yo empecé con esta costumbre de manera bastante natural, pues me baso en el rito de adoración en los templos sintoístas. No recuerdo con exactitud cuándo empecé a hacerlo, pero creo que lo hago porque la expectación tensa que se siente en el aire cuando un cliente abre la puerta recuerda la atmósfera de cuando uno pasa bajo la puerta de un altar y entra a los recintos sagrados. Tal vez pienses que este ritual solo surte un efecto placebo, pero he notado una verdadera diferencia en la velocidad con que se da la organización cuando lo realizo.

Por cierto, no uso ropa deportiva ni de trabajo cuando organizo. Uso un vestido y una chaqueta. Aunque a veces me pongo un delantal, mi prioridad está en su diseño, no en su carácter práctico. A algunos clientes les sorprende y preocupa que pueda estropear mi ropa, pero no tengo problemas en mover muebles, subirme a la encimera de la cocina y hacer otras actividades físicas relacionadas con la organización. Esta es mi manera de mostrar respeto a la casa y su contenido. Creo que la organización es una celebración, una despedida especial para las cosas que se irán de casa, y por lo tanto me visto según la ocasión. Estoy segura de que, cuando muestro respeto con la ropa que elijo ponerme y empiezo el trabajo de organización saludando a la casa, esta se sentirá feliz de decirme lo que la familia ya no necesita y dónde poner las cosas que se quedan para que esté cómoda y feliz en ese espacio. Esta actitud acelera la toma de decisiones en la etapa del almacenamiento y elimina dudas sobre el proceso entero de manera que todo fluye con más facilidad.

Tal vez creas que no puedes hacer esto. Quizá pienses que debes ser una profesional como yo para oír lo que la casa dice. Sin embargo, quienes mejor entienden sus posesiones y su casa son los propios dueños. A medida que avanzamos en las lecciones, mis clientes ven con claridad lo que necesitan desechar y qué lugar le corresponde naturalmente a cada cosa, y así el trabajo de organización transcurre con fluidez y rapidez. Hay una estrategia a prueba de errores para afinar tu sentido de lo que necesitas y del lugar que le corresponde a tus cosas: saluda a tu casa cada vez que llegues. Es la primera tarea que encargo a mis clientes en mis clases particulares. Tal como saludarías a tu familia o a tu mascota, dile a tu casa: "¡Hola! Ya he llegado", cada vez que vuelvas. Si olvidas hacerlo cuando entres, entonces recuerda decirle: "Gracias por darme cobijo". Si te da vergüenza decir esto en voz alta, está bien decirlo con la mente.

Si haces esto repetidamente empezarás a sentir que tu casa responde cuando llegas. Sentirás su placer como una brisa suave. Entonces, poco a poco, serás capaz de sentir dónde quiere que organices y dónde poner cosas. Mantén un diálogo con tu casa mientras organizas. Sé que esto parece poco práctico, pero si ignoras esto sentirás que tu trabajo no avanza con la misma facilidad.

En esencia, organizar debería ser el acto de restaurar el equilibrio entre la gente, sus posesiones y la casa donde viven. Sin embargo, los enfoques convencionales de la organización apuntan a la relación entre la gente y sus pertenencias y no ponen atención a su vivienda. Yo, por el contrario, soy muy consciente del papel que desempeña una casa porque, siempre que visito la de un cliente, puedo sentir cuánto aprecia a sus habitantes. Siempre está ahí, esperando el regreso de mis clientes, lista para alojarlos y protegerlos. No importa lo cansados que estén tras un largo día de trabajo, ahí está para refrescarlos y aliviarlos. Cuando no sienten ganas de trabajar y vagan por la casa de cualquier manera, la casa los acepta tal como son. No encontrarás a nadie más generoso y hospitalario. Organizar es una oportunidad para expresar aprecio por nuestro hogar y todo lo que hace por nosotros.

Tus posesiones quieren ayudarte

He pasado más de la mitad de mi vida pensando en la organización. Visito casas todos los días y dedico tiempo a evaluar sus posesiones. No creo que exista otra profesión en la que pudiera ver todo lo que posee una persona o examinar el contenido de armarios y cajones, tal como son. Aunque he visitado muchas casas, es obvio que las posesiones y su organización son únicas según cada persona. Sin embargo, todas esas posesiones tienen un rasgo común. Piensa en por qué tienes esas cosas. Si respondes "porque las elegí", o "porque las necesito" o "por una serie de coincidencias", todas son respuestas correctas. Pero, sin excepción, todas las cosas que posees comparten el deseo de ser útiles. Puedo decir esto con certeza porque, en mi carrera, he examinado con mucho cuidado cientos de miles de posesiones.

Cuando se las examina con cuidado, el destino que nos une a ellas es asombroso. Pongamos como ejemplo una camisa. Aun cuando fuera producida en serie en una fábrica, la camisa en particular que tú compraste y llevaste a casa aquel día en particular es única para ti. El destino que nos llevó a cada una de nuestras posesiones es tan precioso y sagrado como el que nos conectó con la gente que hay en nuestra vida. Existe una razón de por qué cada una llegó a ti. Cuando comparto esta perspectiva, algunas personas dicen: "Descuidé tanto esta prenda que ya está arrugada. Debe estar muy indignada conmigo", o "Si no la uso, me maldecirá". Pero, según mi experiencia, nunca he hallado ninguna posesión que le reproche nada a su dueño. Estos pensamientos se derivan del sentimiento de culpa del dueño, no de las pertenencias. Entonces, ¿qué sienten en realidad las cosas que hay en nuestro hogar pero que nos inspiran alegría? Yo creo que solo quieren irse. Olvidadas en tus armarios, saben mejor que nadie que no te hacen feliz en el presente.

Todo lo que tienes quiere serte útil. Aun cuando lo tiraras o quemaras, solo dejaría tras de sí la energía de querer ser servicial. Liberado de su forma física, se moverá por tu mundo como energía, dejará que otros sepan que eres una persona especial y regresará a ti como lo que te será más útil ahora, el objeto que te dará la mayor felicidad. Una prenda de vestir podría regresar con la forma de un traje nuevo y bonito, o reaparecer como información o un nuevo contacto. Te lo aseguro: cualquier cosa que dejes ir regresará justo en la misma cantidad, pero solo cuando sienta el deseo de volver a ti. Por esta razón, cuando deseches algo, no suspires y digas: "Qué lástima, nunca usé esto", o "Disculpa por no haber llegado a usarte". Mejor despídelo con alegría y palabras como: "Gracias por encontrarme", o "Que tengas un buen viaje. ¡Nos vemos pronto!".

Deshazte de las cosas que ya no te hacen feliz. Convierte tu despedida en una ceremonia para lanzarlas a un nuevo viaje. Celebra esta ocasión con ellas. De verdad creo que nuestras posesiones se ponen aún más contentas y radiantes cuando las dejamos ir que cuando las adquirimos.

El espacio donde vives
influye en tu cuerpo

Una vez que el proceso de organización echa a andar, muchos clientes afirman que han bajado de peso o tonificado su abdomen. Es un fenómeno muy extraño, pero cuando reducimos lo que poseemos y, en esencia, "desintoxicamos" nuestra casa, eso también surte un efecto desintoxicante en nuestro cuerpo.

Cuando desechamos todo de un tirón, lo cual a veces significa tirar 40 bolsas de basura en un día, nuestro cuerpo responde de manera semejante a un ayuno breve. Tal vez suframos un brote de diarrea o nos aparezca un sarpullido. No hay de qué preocuparse. Nuestro cuerpo está eliminando las toxinas acumuladas durante años y volverá a la normalidad, o quizá incluso se ponga en mejor forma en uno o dos días. Una de mis clientas vació un armario y tiró todo lo que había descuidado durante 10 años. Inmediatamente después tuvo una fuerte diarrea, tras lo cual se sintió mucho más ligera. Sé que esto suena a publicidad falsa que asegura que puedes bajar de peso o tener la piel más limpia con solo organizar tu casa, pero no es necesariamente falso. Por desgracia, no puedo mostrarte fotografías de antes y después de mis clientes, pero he visto con mis propios ojos cómo cambia su apariencia cuando sus habitaciones están ordenadas. Su figura se pone más esbelta, su piel más radiante y sus ojos más brillantes.

Cuando empecé el negocio, este hecho me pareció fascinante. Pero al pensar en ello detenidamente me di cuenta de que no es tan extraño. Yo lo interpreto así: cuando ponemos nuestra casa en orden, el aire en su interior se vuelve fresco y limpio. Al reducir la cantidad de cosas en nuestro espacio también disminuimos la cantidad de polvo y, en realidad, limpiamos con más frecuencia. Cuando podemos ver el suelo, la mugre se nota y queremos limpiarla. Como se ha eliminado el desorden, es mucho más fácil limpiar y, por lo tanto, lo hacemos más a conciencia. Seguramente, el aire más fresco de la habitación es bueno para la piel. La limpieza nos exige hacer movimientos enérgicos, lo cual contribuye a que perdamos peso y nos mantengamos en forma. Y cuando nuestro espacio está totalmente limpio, no tenemos que preocuparnos por organizar, así que quedamos libres para centrarnos en el siguiente problema. Mucha gente quiere estar delgada y en forma, y eso se convierte en el centro de su atención. Empiezan a caminar largas distancias y a comer menos, y estas acciones contribuyen a que bajen de peso sin ponerse a dieta.

Pero creo que la razón principal de que la organización de espacios tenga este efecto es que la gente conoce la satisfacción. Después de organizar, muchos clientes me dicen que sus deseos mundanos se han reducido. Mientras en el pasado nunca estaban satisfechos, por más ropa que tuvieran, y siempre querían ponerse algo nuevo, una vez que seleccionaron y guardaron solo las cosas que de verdad les gustaban, sintieron que tenían todo lo necesario.

Acumulamos cosas materiales por la misma razón que comemos (satisfacer un antojo). Comprar compulsivamente, al igual que comer y beber en exceso, son intentos por aliviar el estrés. Al observar a mis clientes, he notado que, cuando se deshacen de su exceso de ropa, su abdomen tiende a reducirse; cuando desechan libros y documentos, su mente tiende a despejarse; y cuando reducen su número de cosméticos y ordenan la zona alrededor del fregadero y la bañera, la piel se les pone más limpia y tersa. Aunque no tengo una base científica para esta teoría, es muy interesante ver que la parte del cuerpo que responde se relaciona de una manera muy cercana con la zona que se pone en orden. ¿No es maravilloso que organizar tu casa también aumente tu belleza y te dé un cuerpo más esbelto y sano?

La organización aumenta la buena fortuna

Como el *feng shui* goza de una enorme popularidad, la gente suele preguntarme si la organización les traerá buena fortuna. El *feng shui* es un método para incrementar la buena fortuna mediante la organización del entorno vital. Empezó a ganar popularidad en Japón hace unos 15 años y ahora es bastante conocido. Para mucha gente, el *feng shui* es lo primero que hace que se interesen por organizar y limpiar su casa. Yo no soy experta en *feng shui* pero estudié sus bases como parte de mis investigaciones sobre organización. Si crees o no que puedes mejorar tu suerte depende de ti, pero desde la Antigüedad, los japoneses han aplicado su conocimiento del *feng shui* y los principios de la orientación a su vida diaria. Yo misma aplico la sabiduría de nuestros antepasados en mi práctica de la organización. Por ejemplo, cuando doblo y pongo verticalmente la ropa en el cajón, la coloco por colores, de los más oscuros a los más claros. El orden correcto es colocar la ropa más clara delante del cajón y avanzar progresivamente hacia los colores más oscuros del fondo. Yo no sé si esto aumenta la buena fortuna, pero cuando la ropa está dispuesta según el color, queda muy bien cuando abres el cajón. Por alguna razón, tener la ropa de color claro delante ejerce un efecto calmante. Si organizas tu entorno vital de manera que resulte cómodo y cada día te haga sentir con energía y feliz, ¿acaso no dirías que ha aumentado tu buena fortuna?

Los conceptos que forman la base del *feng shui* son las fuerzas duales del *yin* y el *yang*, y los cinco elementos (metal, madera, agua, fuego y tierra). La creencia básica es que todo tiene su propia energía y cada cosa debe ser tratada de una manera que se ajuste a sus características. Para mí, esto suena perfectamente natural. La filosofía del *feng shui* en realidad trata sobre vivir de acuerdo con las reglas de la naturaleza. El propósito de mi enfoque es exactamente el mismo. Yo creo que el verdadero propósito de la organización es vivir en el estado más natural posible. ¿No crees que poseer cosas que no nos hacen felices o que no necesitamos es algo antinatural? Creo que poseer lo que amamos y necesitamos es la condición natural.

Al poner nuestra casa en orden viviremos en nuestro estado natural. Nosotros elegimos las cosas que nos traen alegría y valoramos lo que es verdaderamente precioso. Nada puede traernos mayor felicidad que ser capaces de hacer algo tan sencillo y natural como esto. Si lo anterior es buena fortuna, entonces estoy convencida de que poner nuestra casa en orden es la mejor manera de lograrlo.

Cómo identificar qué es verdaderamente precioso

Después de que un cliente ha terminado el proceso de selección hay ocasiones en que escojo algunas cosas de su montón "para conservar" y les vuelvo a preguntar: "¿De verdad esta camiseta y este jersey te inspiran alegría?".

Con una inevitable mirada de sorpresa, mi cliente dice: "¿Cómo lo has sabido? Todas esas eran las cosas que no sabía si conservar o desechar".

No soy experta en modas ni escojo esas cosas según su apariencia. Me baso en la expresión de mis clientes cuando las eligen (por la manera en que cogen el objeto, en el brillo de sus ojos cuando lo tocan, en la velocidad con que deciden). Su respuesta es claramente distinta con las cosas que les gustan y con las que no están seguros. Cuando se enfrentan a algo que les da alegría, su decisión suele ser instantánea, su toque es suave y sus ojos brillan. Cuando se enfrentan a algo que no los hace felices, dejan de mover las manos, inclinan la cabeza y fruncen el ceño. Después de pensarlo durante unos momentos, tal vez echan el objeto al montón de cosas "para conservar". En ese momento se nota tensión en su entrecejo y alrededor de los labios. La alegría se manifiesta en el cuerpo y no dejo que esas señales físicas se me escapen.

Sin embargo, para ser sincera, puedo decir qué objetos llevan alegría al corazón de mis clientes aun sin mirarlos durante el proceso de selección. Antes de visitar su casa les doy una clase particular sobre el "método de organización KonMari". Esta charla a solas tiene un impacto significativo y, a menudo, cuando hago mi primera visita, ellos ya han empezado a organizar.

Una de mis alumnas estrella, una mujer de treinta y tantos años, había desechado 50 bolsas de basura cuando llegué. Abrió sus cajoneras y armarios con orgullo y dijo: "¡Aquí ya no hay nada más que tirar!". Su habitación parecía diferente a la de las fotografías que me había mostrado. El jersey que arrojó descuidadamente sobre la cómoda ahora estaba impecablemente guardado, y los vestidos metidos por la fuerza en el rebosante perchero se redujeron tanto que había algo de espacio entre ellos. Y, aun así, yo elegí de ahí una chaqueta marrón y una blusa beis. No parecían muy distintas al resto de la ropa que decidió conservar. Ambas estaban en buenas condiciones y tenían cierto uso.

–¿De veras esto te hace feliz? –pregunté.

La expresión de su cara cambió al instante.

–Mira, me encanta el diseño de esa chaqueta, pero en realidad yo la quería en negro. No tenían de ese color en mi talla... Y como no tenía una chaqueta marrón, decidí comprarla, pero al final no me quedaba bien y solo la usé unas cuantas veces. En cuanto a la blusa, me atraían mucho el diseño y el tejido, así que me compré dos. Usé la primera hasta que se desgastó y luego, por alguna razón, la segunda ya no volví a usarla.

Nunca había visto cómo trataba ella esos objetos y tampoco sabía nada sobre las circunstancias de su compra. Todo lo que hice fue observar con cuidado la ropa que colgaba en su vestidor. Cuando examinas las cosas de cerca, puedes discernir si le dan alegría a su dueño o no. Cuando una mujer está enamorada, el cambio en ella es evidente para quienes la rodean. El amor que recibe de su hombre, la confianza que le brinda el amor y el deseo de esforzarse por lucir bella para él se unen y le dan energía. Su piel resplandece, sus ojos brillan y ella se ve aún más hermosa. De la misma manera, las cosas que reciben el amor y el cuidado de su dueño tienen un aspecto vibrante y parecen irradiar el deseo de ser más útiles para su dueño. Las cosas valoradas brillan. Por esa razón sé solo con echar un vistazo si algo realmente inspira alegría. La emoción genuina reside en el cuerpo y las posesiones del dueño y, por eso, no se ocultan.

Estar rodeado de cosas que te dan alegría te hace feliz

Todo el mundo tiene objetos favoritos, cosas de las cuales no podría ni imaginar desprenderse, aun cuando otras personas sacudan la cabeza con incredulidad cuando las ven. Veo a diario cosas que otras personas consideran preciosas, y te sorprendería ver los artículos tan extraños e incomprensibles que atrapan el corazón de la gente (un juego de 10 títeres dactilares, cada uno con un solo ojo y cada ojo distinto; un reloj despertador averiado con la forma de un personaje de dibujos animados; una colección de madera a la deriva que parece más bien un montón de restos de madera). Pero la respuesta inmediata a mi dudoso: "¿De verdad esto te hace feliz?", es un enfático: "¡Sí!". Su mirada segura y sus ojos brillantes no me dejan duda, pues yo también tengo un objeto así: mi camiseta de Kiccoro.

Kiccoro (Niño del bosque) fue una de las dos mascotas oficiales de la Expo Aichi 2005, la cual promovió el amor por la tierra y la tecnología renovable y ecológica. Morizo, la mascota mayor, quizá es más conocida. El compañero de Morizo era Kiccoro, personaje pequeño y gordito color verde limón, y mi camiseta solo muestra la cara de Kiccoro. Siempre la usaba para estar por casa. Es el objeto del cual no puedo desprenderme, aunque la gente me ridiculice y diga: "¿Cómo puedes conservar eso? ¿No te da vergüenza? Es muy poco femenino. ¿Cómo puedes ponértelo? Deberías tirarlo".

Seré clara. La ropa que uso en casa suele ser bonita. Normalmente me pongo cosas femeninas como camisolas con capas de volantes color rosa y conjuntos de algodón con estampados florales. La única excepción es mi camiseta de Kiccoro. Es un artículo bastante curioso de color verde estridente con solo los ojos de Kiccoro y su generosa boca a medio abrir, y cuya etiqueta indica que es de talla infantil. Como la Expo se llevó a cabo en 2005, he usado esta camiseta durante más de ocho años, aunque no tengo recuerdos sentimentales del suceso. La sola lectura de lo que aquí escribo me hace sentir vergüenza de aferrarme a una prenda así, y sin embargo, cada vez que la veo, no me atrevo a tirarla. Mi corazón se acelera tan pronto como veo los tiernos ojos redondos de Kiccoro.

El contenido de mis cajones de ropa está organizado de tal modo que puedo saber de un vistazo lo que contienen. Esta camiseta destaca como un pulgar levantado de entre mi ropa bonita y femenina, pero esto la hace aún más adorable. Tiene tantos años que igual piensas que está deformada o manchada, pero no es así, por lo que no puedo usar eso como pretexto para tirarla. El hecho de que la etiqueta diga que fue fabricada en otro país aunque haya sido una Expo japonesa pudo arruinar su atractivo para mí, y sin embargo aún no me atrevo a desecharla.

Estos son los tipos de cosas a los que debes aferrarte con determinación. Si puedes decir sin dudas: "Esto de verdad me gusta", sin importar lo que digan los demás, y si tú mismo te apruebas por tenerlo, entonces ignora lo que piensen otras personas. A decir verdad, no quisiera que nadie me viera usando mi camiseta de Kiccoro. Pero la conservo por la pequeña alegría que me da, por la sonrisa que me produce cuando la saco y la miro yo sola, la satisfacción que siento cuando Kiccoro y yo sudamos juntos mientras limpiamos la casa y nos preguntamos qué sigue.

No puedo imaginar mayor felicidad en la vida que estar rodeada por las cosas que amo. ¿Qué hay de ti? Todo lo que necesitas es deshacerte de todo lo que no toca tu corazón. No hay un camino más sencillo a la alegría. ¿Cómo podríamos llamar a esto sino "la magia del orden"?

Tu verdadera vida comienza después de poner tu casa en orden

Aunque he dedicado este libro entero a hablar sobre la organización, no es algo realmente necesario. No te vas a morir si tu casa no está organizada, y hay muchas personas en el mundo a las que no les preocupa poner su casa en orden. Esas personas nunca leerán este libro. Tú, por otro lado, has sido llevado por el destino hasta este libro y eso significa que quizá tengas un poderoso deseo de cambiar tu situación actual, reajustar tu vida, mejorarla, obtener felicidad y brillar. Justo por esta razón, te garantizo que serás capaz de poner en orden tu casa. En el momento en que empezaste a leer este libro con la intención de organizar, diste el primer paso. Si ya has leído hasta aquí, sabes qué necesitas hacer a continuación.

Los seres humanos solo pueden apreciar un número limitado de cosas a la vez. Yo soy descuidada y olvidadiza, y si tengo demasiadas cosas, no puedo cuidarlas como se debe. Por eso quiero que la gente valore adecuadamente las que ama y también por eso he insistido en organizar durante una buena parte de mi vida. Sin embargo, creo es mejor hacerlo de manera rápida para quitártelo de encima. ¿Por qué? Porque organizar no es el propósito de la vida.

Si crees que organizar es algo que debe hacerse todos los días y que necesitarás hacer toda tu vida, es hora de despertar. Garantizo que la organización es algo que puede hacerse de manera concienzuda y rápida de un tirón. Las únicas tareas que necesitarás seguir durante el resto de tu vida son elegir qué cosas conservas y cuáles desechas, y cuidar de las que decidas conservar. Tú puedes ordenar tu casa ahora, de una vez por todas. Los únicos que necesitan pasar su vida, año a año, pensando en organizar son las personas como yo, que hallamos placer en ello y nos apasiona la organización como medio para hacer del mundo un lugar mejor. En cuanto a ti, pon tu tiempo y tu pasión en lo que más alegría te dé, tu misión en la vida. Yo estoy convencida de que poner tu casa en orden te ayudará a encontrar la misión que le habla a tu corazón. La verdadera vida comienza después de poner tu casa en orden.

EPÍLOGO

HACE UNOS DÍAS me desperté con el cuello y los hombros totalmente rígidos e inmóviles. Ni siquiera pude salir de la cama y tuve que llamar a una ambulancia. Aunque la causa no estaba clara, el día anterior lo pasé en casa de una clienta mirando un armario alto del vestidor y moviendo muebles pesados. Como no había hecho nada más, la conclusión fue que había organizado demasiado. Debo ser la única paciente en la historia cuyo historial clínico diga: "Exceso de trabajo de organización". Aun así, mientras me acuesto en la cama para recuperar la movilidad de mi cuello, el 90 por ciento de mis pensamientos tienen que ver con la organización. Esta experiencia me hizo apreciar la habilidad para observar los armarios.

Escribí este libro porque quería compartir la magia del orden. Las profundas emociones de mi corazón cuando me despido de las cosas que han cumplido su propósito son muy parecidas a las que se experimentan en una graduación: la emoción de sentir el "clic" del destino, cuando algo descubre el lugar al que pertenece y, lo mejor de todo, el aire tan fresco y puro que llena la habitación después de que se ordenó (estas son las cosas que convierten un día común y corriente, sin ningún suceso especial, en algo mucho más brillante).

Quisiera aprovechar esta oportunidad para agradecer a todas las personas que me apoyaron para escribir este libro cuando de lo único que soy capaz es de organizar: el señor Takahashi de Sunmark Publishing, mi familia, todas mis posesiones, mi hogar. Ruego para que, mediante la magia del orden, más personas sean capaces de experimentar la alegría y la satisfacción de vivir rodeadas de las cosas que aman.

MARIE KONDO (KONMARI)